YONSEI KOREAN IN 3 WEEKS

3주완성 연세 한국어

4

연세대학교 한국어학당 편

연세대학교 출판문화원

3주완성 연세 한국어 4

편저자 연세대학교 한국어학당 교재편찬위원회
집필진 조현선 · 이복자 · 윤정남 · 임삼미 · 하상연
펴낸곳 연세대학교 출판문화원

주소 서울시 서대문구 연세로 50 **등록** 1955년 10월 13일 제9-60호
전화 02) 2123-3380~2 **팩스** 02) 2123-8673
전자우편 ysup@yonsei.ac.kr **웹사이트** www.yonsei.ac.kr/press

내지디자인 PAGE M (한충명) **조판** PAGE M (정다운) **삽화** PAGE M (정미혜)
녹음 MS미디어 **성우** 김상백, 김태현 **인쇄** 동국문화(주)

2013년 6월 28일 1판 1쇄 2025년 8월 25일 1판 9쇄

ISBN 978-89-6850-040-4(08710)
978-89-6850-036-7(세트)

값 32,000원

머리말

50년 이상을 한국어 교육에 매진해 온 연세대학교 한국어학당은 국내 최고의 역사와 명성에 걸맞게 그동안 다양한 한국어 교재 편찬과 관련 연구를 해 옴으로써 한국어 교육을 선도해 왔다.

특히 최근에는 주춤했던 한류가 아시아 지역을 벗어나 미주, 유럽에 이르기까지 전 세계로 확산되면서 한국과 한국 문화가 세계로 전파되고 이에 따라 한국어에 대한 관심과 수요도 늘어나고 있다. 예전에 해외 동포나 일부 외국인을 중심으로 이루어져 왔던 한국어 교육이 이제는 다양한 목적과 요구를 지닌 학습자들을 대상으로 확대 추세에 있으며 교재에 대한 수요도 이와 함께 다양해지고 있다.

연세대학교 한국어학당은 그동안 일반 목적의 한국어 학습자뿐만 아니라 직업 목적의 학습자, 학문 목적의 학습자, 해외 동포 자녀 등 다양한 대상의 목적과 수요에 맞춘 교재를 지속적으로 개발, 출간해 왔다. 이번에 출판하는 '3주완성 연세 한국어 4'는 60시간용 교재로 단기간에 한국어를 배우려는 학습자를 대상으로 만든 교재이다. 따라서 외국인들이 흥미를 가지고 있는 주제를 중심으로 필수적인 어휘와 문법, 문화와 사고방식을 소개함으로써 한국어와 한국에 대한 이해를 넓히고자 하였다. 특히 이 교재는 어휘력과 문법이해력 및 말하기, 듣기, 쓰기, 읽기 영역을 균형 있게 향상시킬 수 있도록 다양한 과제를 포함시킴으로써 학습 효과를 높이고자 하였다.

언어 교육은 목표어를 통한 의사소통 능력의 향상과 함께 목표 언어의 사회와 문화를 이해시키는 데 그 목적이 있다. 이 교재는 짧은 기간에 한국어를 배우고 한국 문화를 알고자 하는 학습자들에게 많은 도움이 될 것으로 확신하며 한국어 교재 발전에도 큰 몫을 담당하리라고 본다.

'3주완성 연세 한국어 4'가 연세대학교 언어연구교육원 한국어학당에서 학습하는 학습자들뿐만 아니라 국내, 국외에서 단기간에 한국어와 한국문화를 배우고자 하는 모든 학습자들에게 크게 도움이 되기를 바라며 연세대학교 언어연구교육원 한국어학당 교재편찬위원회는 앞으로도 학습자들의 요구와 기대에 부응하는 교재 개발을 위해 최선을 다할 것이다.

연세대학교 언어연구교육원
한국어학당 교재편찬위원회

일러두기

- '3주완성 연세 한국어 4'는 단기간에 한국어를 배우려는 외국인 및 교포 학습자를 위한 중급 단계의 책으로 중급 단계에서 꼭 알아야 할 주제를 중심으로 썼으며 이와 함께 필수적인 어휘와 문법, 문화와 사고방식을 소개함으로써 한국에 대한 이해를 넓히고자 하였다.

- '3주완성 연세 한국어 4'는 5명의 주요 인물들이 등장하며 이들 등장인물들의 일상생활을 중심으로 본문의 대화 내용을 15개 과로 구성하였다.

- 본 교재는 단원명, 학습 목표, 삽화와 도입 질문, 대화, 어휘, 문법, 과제, 발음, 문화로 구성되어 있다.

- 각 단원의 제목은 본문 대화 내용 중의 주요 문장으로 제시하였다.

- 각 단원의 목표는 해당 단원에서 학습해야 할 의사소통 기능과 과제를 중심으로 제시하여 학습자들의 학습 동기를 유발하고 단원에 대한 이해를 촉진시키는 데 도움이 되도록 했다.

- 본문 대화는 각 과의 주제와 관련된 가장 전형적이고 대표적인 대화 상황을 설정하고자 노력하였으며 6~10개의 문장, 3쌍의 대화로 구성하였다. 대화 앞에는 주제와 관련된 삽화와 질문을 넣어 학습자들이 대화 내용을 흥미있게 접할 수 있도록 유도하였다.

- 읽기 과제에서 주의해야 할 발음은 따로 제시하여 정확한 발음을 연습할 수 있도록 했다.

- 본문 대화 내용을 영어, 일본어, 중국어로 제시하여 학습자가 대화의 맥락이나 상황 및 내용을 쉽게 이해할 수 있도록 도왔다.

- 어휘는 각 단원의 주제별로 꼭 알아야 할 어휘를 선정하여 제시하였으며 관련 삽화를 함께 제시하여 의미를 이해하기 쉽게 하였다. '3주완성 연세 한국어 4'에서 제시한 단어는 325개이다.

- 문법은 각 단원의 대화에 제시된 주요한 문법이나 문형의 의미와 용법을 학습자의 모국어로 설명하고 이어서 한국어와 학습자 모국어로 번역된 예문을 제시하였다. 문법 제시 이후에는 연습 문제를 덧붙여 공부한 내용을 학습자가 점검해 보도록 하였다.

- 과제는 학습 목표에서 제시한 의사소통 기능에 부합되는 것으로 각 단원마다 3개씩 제시하였다. 과제는 말하기, 듣기, 읽기, 쓰기의 네 기능을 적절히 수행하도록 제시하였으며 중급 과정에서 요구되는 말하기와 듣기의 비중을 높게 구성하였다.

- 문화는 단원의 주제와 관련하여 한국어를 이해하는 데 도움이 되는 경우에 문화 내용 설명, 사진, 그림 등을 통해 제시하였다.

- 부록으로 번역과 문법 활용연습, 듣기 지문, 모범 답안, 색인을 두어 학습자가 해당 단원의 내용을 확인할 수 있도록 하였고 아울러 해당 단원의 목표 문법을 자습할 수 있도록 하였다.

- 모범 답안은 어휘와 문법 연습의 모범 답안을 제시하였으며 필요한 경우 과제의 모범 답안도 예시하였다.

- 어휘와 문법 색인에서는 각 단원에서 다루어진 본문의 새 어휘와 주제와 관련된 어휘, 주요 문법을 각각 가나다 순으로 정리하여 제시하였다.

내용 구성

과	제목	과제	어휘	문법
1	한국말을 배운 지 6개월 됐어요	과제1 자기소개하기 과제2 자신의 소중한 물건 소개하는 글 읽고 쓰기 과제3 다양한 상황에서의 자기소개 듣고 말하기	전공 관련 어휘	-은 지 -기는 하지만
2	이제는 많이 익숙해졌어요	과제1 안부 묻기 과제2 안부 메일 읽고 쓰기 과제3 안부 관련 대화 듣고 말하기	안부 관련 어휘	-어지다 -겠군요
3	책 좀 같이 봐도 돼요?	과제1 학교생활에 대해서 말하기 과제2 반 친구 소개하는 글 읽고 쓰기 과제3 학교생활에 대한 대화 듣고 말하기	학교생활 관련 어휘	에다가 -어도 되다
4	도서관에 들어가려면 학생증이 있어야 해요	과제1 학교 시설 이용에 대해서 문의하기 과제2 자주 가는 학교 시설 소개하는 글 읽고 쓰기 과제3 학교 시설 이용에 대한 문의 듣고 말하기	도서관 관련 어휘	-어야 하다 -으려면
5	박물관 안에서 사진을 찍어도 되나요?	과제1 박물관 이용 방법 설명하기 과제2 박물관 관람에 대한 글 읽고 쓰기 과제3 박물관 관람에 대한 대화 듣고 말하기	박물관 관련 어휘	-나요? -으면 안 되다
6	아무 데나 앉으면 안 되는군요	과제1 지하철 이용 예절에 대해서 말하기 과제2 재미있는 지하철역에 대한 글 읽고 쓰기 과제3 지하철 이용에 대한 이야기 듣고 말하기	지하철 관련 어휘	-는데 아무
7	김치를 볶다가 밥을 넣어	과제1 음식을 만드는 방법 설명하기 과제2 음식을 만드는 방법 읽고 쓰기 과제3 음식 소개와 만드는 방법 듣고 말하기	요리 관련 어휘	격식체 반말 -다가

과	제목	과제	어휘	문법
8	친구 집에 잘 갔다가 왔어요?	과제1 자기 나라 식사 예절 말하기 과제2 식사 중에 생긴 일 읽고 쓰기 과제3 식사 예절에 대한 대화 듣고 말하기	상차림 관련 어휘	-었다가 -으니까
9	이 옷을 입으면 키가 커 보이겠다	과제1 상황에 어울리는 옷 권유하기 과제2 옷을 살 때 중요하게 생각하는 것 읽고 쓰기 과제3 쇼핑 관련 대화 듣고 말하기	옷 종류 어휘	-어 보이다 ㅅ동사
10	기념품이 친구들 마음에 들지 모르겠어요	과제1 상대방에게 알맞은 선물 추천하기 과제2 선물 광고 읽고 광고 만들기 과제3 선물을 추천하는 대화 듣고 말하기	선물 관련 어휘	-어 가지고 -을지 모르겠다
11	주말에 그냥 집에서 쉴까 해요	과제1 주말 계획 세우기 과제2 주말에 한 일 읽고 쓰기 과제3 다양한 주말 계획에 대한 대화 듣고 말하기	계획 관련 어휘	-을까 하다 -지 말고
12	친구와 같이 음악회에 가기로 했어	과제1 주말에 친구와 만날 약속하기 과제2 약속을 지키지 못한 경험 읽고 쓰기 과제3 약속 관련 대화 듣고 말하기	약속 관련 어휘	-기로 하다 -는데요?
13	남대문 시장에는 뭐든지 다 있어요	과제1 서울 관광지 안내하기 과제2 기억에 남는 서울 관광지 소개하는 글 읽고 쓰기 과제3 서울 관광에 대한 대화 듣고 말하기	관광 관련 어휘	-을지 -을지 -이든지
14	제주도만큼 경치가 아름다운 곳도 없어요	과제1 여행지에 대한 정보 구하기 과제2 한국에서 여행하고 싶은 곳 읽고 쓰기 과제3 여행 정보 관련 대화 듣고 말하기	여행 관련 어휘	만큼 -는지 알다/모르다
15	힘들어도 좋은 경험이 될 거예요	과제1 기억에 남는 여행 말하기 과제2 특별한 여행에 대한 글 읽고 쓰기 과제3 여행 경험에 대한 대화 듣고 말하기	여행 종류 관련 어휘	-어서 그런지 -어도

차례

주요 인물

유리	샤오밍	영주	마이클	슈테판
일본 사람 대학생	중국 사람 회사원	한국 사람 대학생	미국 사람 대학원생	독일 사람 회사원

MP3_1

제 1 과

한국말을 배운 지 6개월 됐어요

- **학습 목표** 자기소개를 할 수 있다.
- **어휘** 법학, 전공하다, 발음, 지내다
  전공 관련 어휘
- **문법** -은 지, -기는 하지만
- **과제** 자기소개하기
  자신의 소중한 물건 소개하는 글 읽고 쓰기
  다양한 상황에서의 자기소개 듣고 말하기

1 처음 만난 사람에게 어떻게 말을 합니까?

2 자기소개를 할 때 무엇을 이야기합니까?

MP3

유리　안녕하세요? 일본에서 온 유리예요.

영주　저는 이영주예요. 법학을 전공하고 있어요.

유리　저는 한국말을 배우러 왔어요.

한국말을 배운 지 6개월 됐어요.

영주　한국말 배우기가 어렵지 않아요?

유리　발음이 어렵기는 하지만 재미있어요.

영주　만나서 반가워요. 우리 잘 지내요.

법학

EN the study of law
JP 法学
CH 法学

전공하다

EN to major in
JP 専攻する
CH 专业

발음

EN pronunciation
JP 発音
CH 发音

지내다

EN to get along
JP 過ごす
CH 相处、交往

어휘

국어국문학
- EN Korean Language & Literature
- JP 国語国文学
- CH 国语国文学

경영학
- EN Business Administration
- JP 経営学
- CH 经营学

법학
- EN Law
- JP 法学
- CH 法学

신문방송학
- EN Journalism & Broadcasting
- JP 新聞放送学
- CH 新闻广播学

컴퓨터공학
- EN Computer Engineering
- JP コンピューター工学
- CH 计算机工学

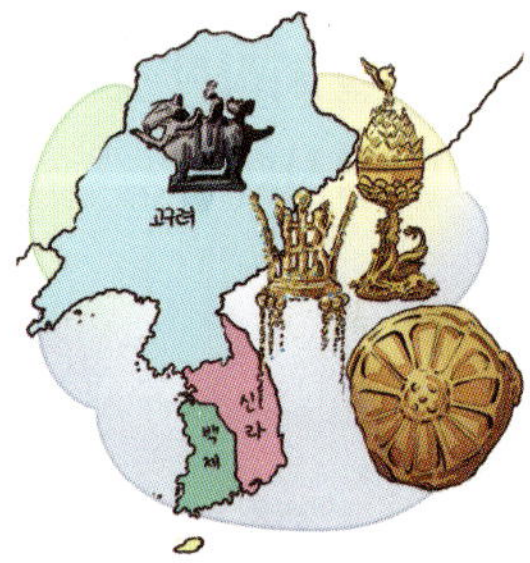

역사학
- EN History
- JP 歴史学
- CH 历史学

밑줄 친 곳에 알맞은 단어를 쓰십시오.

보기 저는 소설가입니다. 대학교에서 국어국문학을을/를 전공했습니다.

1) 저는 변호사입니다. 대학교에서 ________________ 을/를 전공했습니다.

2) 저는 기자입니다. 대학교에서 ________________ 을/를 전공했습니다.

3) 저는 대한자동차 사장입니다. 대학교에서 ________________ 을/를 전공했습니다.

4) 저는 컴퓨터 프로그래머입니다. 대학교에서 ________________ 을/를 전공했습니다.

5) 저는 역사학자입니다. 대학교에서 ________________ 을/를 전공했습니다.

문법

1 -은/ㄴ 지

- 한국에 온 지 두 달 됐어요.
- 일본어를 배운 지 1년 됐어요.
- 여기에서 일한 지 6개월 됐어요.
- 점심을 먹은 지 한 시간밖에 안 됐어요.

수업을 시작한 첫 날, 새로운 사람들을 만났습니다. 서로 인사를 하고 옆 사람에 대해서 알아봅시다.

보기

가: 한국에 **온 지** 얼마나 됐어요?

나: 지난달에 왔어요. 한국에 **온 지** 한 달 됐어요.

2 -기는 하지만

- 한국 노래가 어렵기는 하지만 재미있어요.
- 매운 음식을 먹기는 하지만 좋아하지 않아요.
- 운동을 열심히 하기는 하지만 살이 빠지지 않아요.
- 그 식당 음식이 비싸기는 하지만 아주 맛있어요.

일상생활에서 사용하는 것 중에서 무엇이 더 좋습니까? 이야기해 봅시다.

컴퓨터 노트북

문자 메시지 음성 메시지

종이사전 전자사전

휴대전화 수첩

전자책 종이책

디지털 카메라 휴대전화 카메라

보기

가: 컴퓨터와 노트북 중에서 무엇이 더 좋아요?

나: 저는 컴퓨터가 더 좋아요. 노트북은 **편하기는 하지만** 작아서 쓰기가 불편해요.

과제 1 쓰고 말하기

01 **자기소개를 할 때 무슨 이야기를 합니까? 질문에 대답을 써 보십시오.**

질문	대답
1) 어디에서 왔습니까?	
2) 한국에 온 지 얼마나 됐습니까?	
3) 왜 한국에 왔습니까?	
4) 한국말 배우기가 어떻습니까?	
5) 취미가 무엇입니까?	
6) 앞으로 무엇을 할 계획입니까?	

02 **자기와 관계있는 단어를 보여 주고 반 친구들에게 자기소개를 해 봅시다.**

보기

제 이름은 유카예요. 저는 도쿄에서 왔어요. 제 고향은 오사카이지만 대학교에 입학한 후에 도쿄에서 살았어요. 한국에 온 지 한 달 됐어요. 제 취미는 노래 듣기예요. 노래를 잘 못하지만 한국 노래를 아주 좋아해요. 제 전공은 한국학인데 나중에 한국어 선생님이 되고 싶어요. 그래서 한국말을 더 배우려고 한국에 왔어요.

과제 2 읽고 쓰기

01 다음을 읽고 질문에 답하십시오.

사람들은 보통 자기소개를 할 때 이름, 고향, 전공, 취미를 이야기합니다. 그러나 저는 자기소개를 할 때 제 소중한 물건도 같이 이야기합니다. 제가 소중하게 생각하는 물건을 소개하면 사람들이 저를 더 잘 알 수 있기 때문입니다.

저에게 가장 소중한 물건은 일기장입니다. 일기를 쓰기 시작한 지 15년 됐습니다. 초등학교 때부터 쓴 일기장이 10권이 넘습니다.

처음에는 매일 일기를 쓰는 것이 힘들었지만 지금은 습관이 되었습니다. 하루의 일을 간단히 적기 때문에 시간도 오래 걸리지 않습니다. 일기장에는 지금까지 만난 사람들, 방학 때 간 여행, 친구들과 함께 한 일들이 들어 있습니다.

저는 가끔 시간이 있을 때마다 일기장을 봅니다. 그리고 그때의 일을 다시 생각합니다. 일기장은 저에게 가장 소중한 보물입니다.

1) 무엇에 대한 이야기입니까? (　　　)

❶ 내 소중한 물건　　❷ 잊을 수 없는 일
❸ 만나고 싶은 사람　　❹ 일기를 쓰는 이유

2) 위 글의 내용과 같은 것을 고르십시오. (　　　)

❶ 특별한 자기소개 방법이 있습니다.
❷ 일기를 쓴 지 얼마 되지 않았습니다.
❸ 일기를 쓸 때 시간이 많이 걸립니다.
❹ 일기를 쓰기는 하지만 다시 보지 않습니다.

3) 일기장 안에는 무슨 이야기가 있습니까? 쓰십시오.

____

소중하다 EN to be precious JP 大切だ CH 珍贵
넘다 EN to exceed JP 越える CH 超过
간단히 EN simply / briefly JP 簡単に CH 简单地
들어 있다 EN to contain JP 入っている CH 包含在内
초등학교 EN elementary school JP 小学校 CH 小学
습관 EN habit JP 習慣 CH 习惯
적다 EN to write JP 書く、メモする CH 记录
보물 EN treasure JP 宝物 CH 宝物

02 여러분에게 소중한 물건은 무엇입니까? 자신의 소중한 물건을 소개해 봅시다.

1) 자신의 소중한 물건에 대해서 생각해 봅시다.

무슨 물건이에요?	언제부터 썼어요?	왜 소중해요?

2) 이야기를 써 봅시다.

내 소중한 물건

03 읽어 봅시다.

모음 1 ㅏ ㅓ ㅗ ㅜ ㅡ ㅣ ㅔ ㅐ ㅚ ㅟ	
아이, 어머니, 오이, 우산, 음악, 이야기, 세다, 매미, 외우다, 귀	
• 사람, 자기소개	처음 만난 **사람**들이 **자기소개**를 합니다.
• 취미	저는 **취미**로 사진을 찍습니다.
• 제, 전공	**제 전공**은 국어국문학입니다.
• 소중한, 보물	일기장은 저에게 가장 **소중한 보물**입니다.
• 지금, 되었습니다	처음에는 힘들었지만 **지금**은 습관이 **되었습니다**.

과제 3 듣고 말하기

MP3

01 대화를 듣고 맞는 상황과 연결하십시오.

1) • •

2) • •

3) • •

MP3

02

대화를 듣고 질문에 답하십시오.

1) 왕밍 씨는 왜 한국말을 배웁니까? (   )

❶ 한국 회사에 취직해서
❷ 한국문화에 관심이 있어서
❸ 한국 사람과 이야기하려고
❹ 한국어 시험을 준비하려고

2) 들은 내용과 같으면 O, 다르면 X 하십시오.

❶ 두 사람은 오늘 처음 만났습니다. (   )
❷ 유카 씨는 경영학을 전공합니다. (   )
❸ 왕밍 씨는 이번에 한국말을 처음 공부합니다. (   )

MP3

03

이야기를 듣고 질문에 답하십시오.

1) 치에 씨는 언제 한국에 왔습니까? (   )

❶ 한 달 전
❷ 2개월 전
❸ 6개월 전
❹ 1년 전

2) 들은 내용과 같은 것을 고르십시오. (   )

❶ 치에 씨는 혼자 방을 씁니다.
❷ 지은 씨는 일본어를 하지 못합니다.
❸ 치에 씨는 기숙사 생활을 불편해합니다.
❹ 치에 씨와 지은 씨는 모두 노래를 좋아합니다.

혹시 EN by chance JP ひょっとして CH 或许
취직하다 EN to get a job JP 就職する CH 就业
편리하다 EN to be convenient JP 便利だ CH 方便
졸업하다 EN to graduate JP 卒業する CH 毕业
관심 EN interest JP 関心 CH 关心

04 **여러분은 모르는 사람과 어떻게 이야기를 시작합니까? 언제, 누구와 어떤 이야기를 했는지 이야기해 봅시다.**

기숙사에서	교실에서
식당에서	생일 파티에서

MP3_2

제2과

이제는 많이 익숙해졌어요

- **학습 목표** 안부를 묻고 대답할 수 있다.
- **어휘** 오래간만, 학교생활, 익숙하다
  안부 관련 어휘
- **문법** -어지다, -겠군요
- **과제** 안부 묻기
  안부 메일 읽고 쓰기
  안부 관련 대화 듣고 말하기

1. 친구와 자주 연락합니까?
2. 오랫동안 만나지 못한 친구에게 어떻게 인사합니까?

MP3

지은	유리 씨, 오래간만이에요.
유리	네, 반가워요. 그동안 어떻게 지냈어요?
지은	저는 잘 지냈어요. 그런데 유리 씨 학교생활은 어때요?
유리	처음에는 좀 힘들었는데 이제는 많이 익숙해졌어요.
지은	친구들도 많이 사귀었겠군요.
유리	네, 여러 나라 친구들이 있어서 참 재미있어요.

오래간만

EN after a long time
JP 久しぶり
CH 好久没-

학교생활

EN school life
JP 学校生活
CH 学校生活

익숙하다

EN to get used to
JP 慣れる
CH 熟悉

안부가 궁금하다
EN to wonder how someone is doing
JP 近況が気になる
CH 想念、挂念

안부를 묻다
EN to ask about person (a person's health)
JP 近況を聞く
CH 问候

안부 전화를 하다
EN to make a phone call to see how someone is doing
JP 近況を電話で聞く
CH 打问候电话

안부 메일을 보내다
EN to send an email to see how someone is doing
JP 近況や安否を聞くメールを送る
CH 发送问候邮件

안부를 전하다
EN to give or send your regards to someone
JP 近況、安否を伝える
CH 转达问候

밑줄 친 곳에 알맞은 말을 쓰십시오.

보기 저는 고향 친구하고 오랫동안 연락하지 못했어요. 그래서 고향 친구의 안부가 궁금해요 ~~어요/아요/여요.~~

1) 제 형은 한국에서 유학하고 있는 저에게 ________________ 는/은/ㄴ 전화를 자주 해요.

2) 사촌 언니를 만나서 "이모께 ________________ 어/아/여 주세요."라고 말했어요.

3) 고등학교 선생님께 ________________ 으려고/려고 컴퓨터를 켰어요.

4) 일본에 계시는 부모님께 일주일에 한 번씩 ________________ 어요/아요/여요.

문법

1 -어지다/아지다/여지다

- 한국 생활이 재미있어졌어요.
- 한국 문화에 관심이 많아졌어요.
- 날씨가 점점 따뜻해지고 있어요.
- 열심히 연습하면 발음이 좋아질 거예요.

고향이 어떻게 달라졌습니까? 짝과 함께 이야기해 봅시다.

10년 전	지금

보기

가: 고향이 10년 전과 어떻게 달라졌어요?

나: 강물이 **깨끗해졌어요**.

2 -겠군요

- 가: 저는 한국에서 10년 살았어요.
  나: 한국말을 잘 하겠군요.
- 가: 내일 친구들과 여행을 갈 거예요.
  나: 재미있겠군요.
- 가: 어제 잠을 한 시간밖에 못 잤어요.
  나: 피곤하겠군요.
- 가: 지난 주말에 중학교 때 친구를 만났어요.
  나: 반가웠겠군요.

고향으로 돌아간 반 친구가 오래간만에 인터넷에 글을 썼습니다. 친구에게 답글을 써 봅시다.

Yuske0330유스케

오늘 시험이 끝났어요. 시험 공부 때문에 그동안 잠을 조금밖에 못 자서 피곤해요. 그런데 시험은 생각보다 어렵지 않았어요. 저녁에 친구들과 같이 밥도 먹고 노래방에서 3시간 동안 노래를 불렀어요. 주말에는 놀이 공원에 가려고 해요. 여러분도 즐겁게 지내세요!

2시간 전

보기		왕밍	시험이 끝나서 기분이 좋겠군요.
1)		유카	시험 공부 때문에 ______________________.
2)		제임스	______________________.
3)		링링	______________________.
4)		마크	______________________.
5)		치에	______________________.

과제 1 말하기

01 다음 중 하나를 골라 안부를 묻는 역할극을 해 봅시다.

길에서 중학교 때 친구를 만났을 때

초등학교 동창회에서 친구들을 만났을 때

후배에게 오래간만에 전화했을 때

한국어 선생님을 오래간만에 만났을 때

길에서 이사 간 이웃 사람을 만났을 때

보기

미선: 너, 서울중학교 졸업한 최유정 맞지? 나 김미선이야.

유정: 미선아, 정말 반가워. 그동안 잘 지냈어? 학교는?

미선: 응, 한국대학교에 다니고 있어. 넌 어느 학교에 들어갔어?

유정: 난 유학 가려고 준비하고 있어.

미선: 바쁘겠구나. 유학 가기 전에 꼭 한번 봐.

유정: 그래. 전화번호 좀 가르쳐 줘. 내가 연락할게.

안부 인사 표현

- 그동안 안녕하셨어요?
- 그동안 잘 지냈어?
- 별일 없었어요?
- 건강하시지요?
- 요즘 뭐 좋은 일 없어?
- 덕분에 잘 지냈어요.

동창회 EN alumni association JP 同窓会 CH 同学会
이웃 사람 EN neighbor JP 隣人 CH 邻居
별일 EN unusual event JP 変わったこと CH 特别的事
후배 EN lower classman JP 後輩 CH 后辈
유학 EN study abroad JP 留学 CH 留学
덕분에 EN thanks to JP おかげで CH 亏得、托福

01 다음을 읽고 질문에 답하십시오.

받은 메일
요즘 어떻게 지내?
보낸 사람: “미키”〈miki@guugle.com〉
받는 사람: “링링”〈lingling@maver.com〉

링링아, 안녕? 나 미키야.

오랜만이야. 그동안 연락을 못해서 미안해. 고향에 돌아와서 바로 메일을 보내려고 했는데 지난주까지 아주 바빴어. 넌 요즘 어떻게 지내? 잘 지내고 있지? 나도 고향에서 잘 지내고 있어. 지난 4월에 대학교에 입학했는데 전공은 신문방송학이야.

대학 생활은 내가 생각한 것하고 다른 것 같아. 이제는 익숙해졌지만, 처음에는 고등학교 때와 많이 달라서 좀 힘들었어. 수업도 어렵고 친구들하고도 빨리 친해지지 않아서 학교를 그만두고 싶은 생각도 있었어.

하지만 지금은 그런 생각을 하지 않아. 친구들하고 친해져서 어려운 과제가 있으면 서로 도와 줘. 우리가 못 만난 지 벌써 6개월쯤 됐지? 정말 보고 싶어.

이 선생님과 다른 친구들의 안부도 궁금해. 좋은 소식 있으면 알려줘.

일본으로 여행 오면 꼭 연락하고 다시 만날 때까지 건강하게 지내.

1) 미키가 링링에게 왜 메일을 보냈습니까? (　　　)

❶ 안부를 전하려고 메일을 보냈습니다.
❷ 학교생활이 힘들어서 메일을 보냈습니다.
❸ 어려운 과제를 부탁하려고 메일을 보냈습니다.
❹ 고향에서 만날 약속을 하려고 메일을 보냈습니다.

2) 위 글의 내용과 같은 것을 고르십시오. (　　　)

❶ 미키는 링링에게 자주 연락을 했습니다.
❷ 미키는 여섯 달 전쯤에 링링을 만났습니다.
❸ 미키는 지금 신문사에서 일을 하고 있습니다.
❹ 미키는 아직 대학 생활에 익숙해지지 않았습니다.

3) 미키는 왜 학교를 그만두고 싶은 생각을 했습니까? 쓰십시오.

____

친하다 EN to be close to/to be intimate with JP 親しい CH 亲近
과제 EN assignment JP 課題 CH 任务、作业
그만두다 EN to quit JP やめる CH 放下、中止
소식 EN news JP 消息 CH 消息

02

오랫동안 만나지 못한 사람에게 안부 메일을 써 봅시다.

1) 안부 메일의 내용을 생각해 봅시다.

받는 사람 ➡ 첫인사, 상대방의 안부 묻기 ➡ 자신의 안부 전하기 ➡ 끝인사

2) 안부 메일을 써 봅시다.

메일 쓰기
제목:
보낸 사람:
받는 사람:

03

읽어 봅시다.

모음 2 ㅑ ㅕ ㅛ ㅠ ㅖ ㅒ ㅘ ㅝ ㅙ ㅞ ㅢ	
야구, 여자, 교실, 우유, 예매, 얘기, 과자, 병원, 돼지, 웬일, 의사, 희다, 회의, 한국의	
• 고향	**고향**에 돌아와서 바로 메일을 보내려고 했어.
• 연락	**연락**을 못해서 미안해.
• 요즘	**요즘** 어떻게 지내?
• 도와 줘	어려운 과제가 있으면 서로 **도와 줘**.
• 친구들의	**친구들의** 안부도 정말 궁금해.

과제 3 듣고 말하기

MP3 01

대화를 듣고 질문에 답하십시오.

1) 들은 내용과 같은 것을 고르십시오. (   )

❶ 영주가 마이클에게 전화했습니다.
❷ 마이클은 그동안 한가하게 지냈습니다.
❸ 영주는 마이클 안부를 궁금해 했습니다.
❹ 마이클은 문자 메시지를 보고 영주에게 메시지를 보냈습니다.

2) 마이클이 받은 문자 메시지는 어느 것일까요? (   )

❶
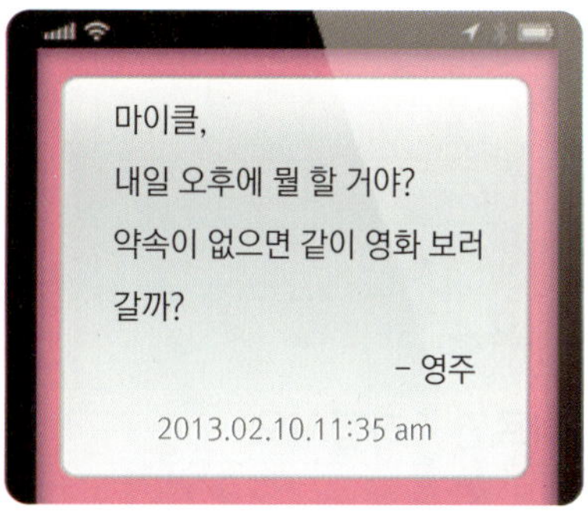

❷
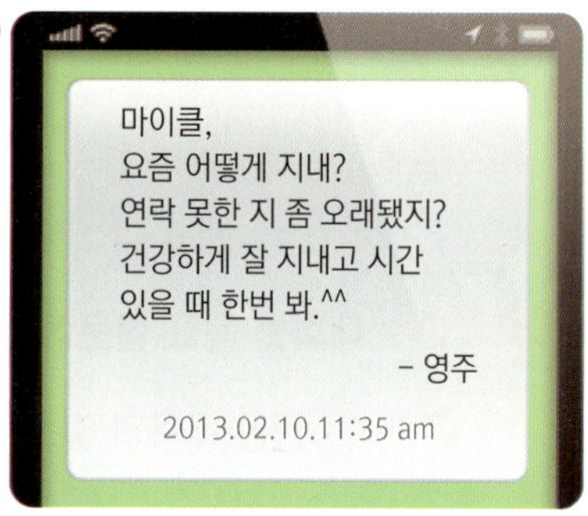

❸
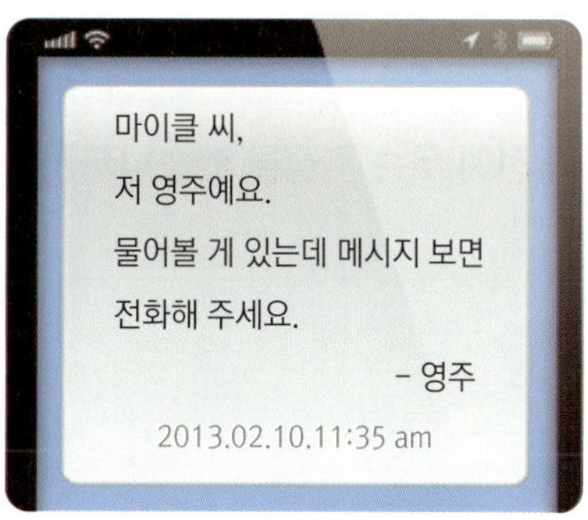

❹
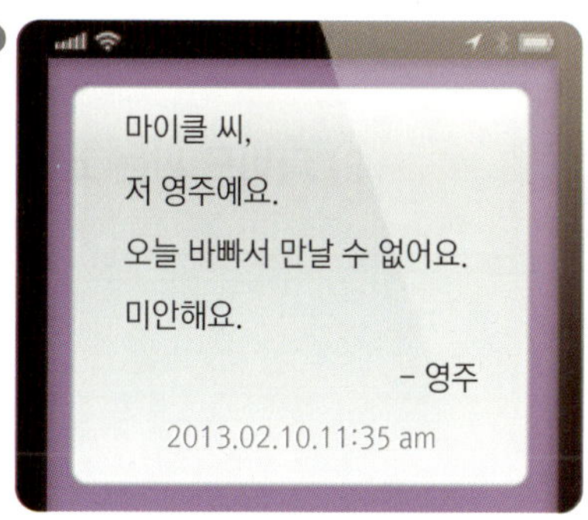

과제 3 듣고 말하기

MP3 02

이야기를 듣고 질문에 답하십시오.

1) 들은 내용과 같은 것을 고르십시오. (　　)

① 이 사람은 선생님과 통화하고 있습니다.
② 이 사람은 선생님을 만나러 한국에 왔습니다.
③ 이 사람은 선생님께 다시 전화를 드릴 것입니다.
④ 이 사람은 졸업 후에 선생님을 만나지 못했습니다.

2) 이 사람은 왜 메시지를 남겼습니까? (　　)

① 선생님의 안부를 물으려고
② 선생님께 인사를 드리러 가려고
③ 선생님께서 연락을 하지 않으셔서
④ 학교에 갔지만 선생님을 만나지 못해서

MP3 03

대화를 듣고 질문에 답하십시오.

1) 들은 내용과 같으면 O, 다르면 X 하십시오.

① 지은 씨는 다비드 씨와 함께 여행을 갔습니다. (　　)
② 다비드 씨는 독일에서 공부하고 있습니다. (　　)
③ 치에 씨는 다비드 씨 소식을 알고 있었습니다. (　　)

2) 다비드 씨는 고향에 가기 전에 무슨 걱정을 했습니까? 쓰십시오.

____

연결되다 EN to connect JP 連結される CH 连接
음성 사서함 EN voice mailbox JP ボイスメール、留守番電話 CH 语音信箱
찾아뵙다 EN to visit someone JP 伺う CH 拜访

04 **여러분 나라에서는 오래간만에 만난 사람에게 어떻게 인사합니까? 이야기해 봅시다.**

문화

• 인사말

한국 사람들은 아는 사람을 만났을 때 '어디 가세요?', '식사하셨어요?'와 같은 말을 합니다. 이런 인사말을 들었을 때는 '네, 일이 있어서요.', '네, 먹었어요.'라고 가볍게 대답하는 것이 좋습니다.

또 한국 사람들은 친구와 헤어질 때 '전화할게.', '언제 밥 한번 같이 먹자.'와 같은 말을 합니다. 이런 말을 들었을 때는 '나도 연락할게.', '그래, 좋아.'와 같이 간단히 대답하는 것이 좋습니다.

MP3_3

제3과

책 좀 같이 봐도 돼요?

- **학습 목표** 학교생활에 대해서 이야기할 수 있다.
- **어휘** 가져가다, 잊어버리다, 두다
학교생활 관련 어휘
- **문법** 에다가, -어도 되다
- **과제** 학교생활에 대해서 말하기
반 친구 소개하는 글 읽고 쓰기
학교생활에 대한 대화 듣고 말하기

1 여러분의 학교생활은 어떻습니까?

2 학교생활에서 무엇이 가장 재미있습니까?

MP3

슈테판	유리 씨, 오늘 아침에 교실에서 교과서 한 권 못 봤어요?
유 리	못 봤는데요. 어제 책을 안 가져갔어요?
슈테판	네, 잊어버리고 교실에 두고 갔는데 없어졌어요.
유 리	책에다가 이름을 썼으면 찾을 수 있을 거예요.
슈테판	미안하지만 오늘 책 좀 같이 봐도 돼요?
유 리	네, 같이 봐요.

가져가다
EN to take
JP 持っていく
CH 带走

잊어버리다
EN to forget
JP 忘れてしまう
CH 忘记

두다
EN to leave behind
JP 置く
CH 放

어휘

학기가 시작되다
EN to have the semester begin
JP 学期が始まる
CH 学期开始

수업을 듣다
EN to listen to a class lecture
JP 授業を受ける、聴講する
CH 听课

시험을 보다
EN to take an exam
JP 試験を受ける
CH 考试

학기가 끝나다
EN to have the semester end
JP 学期が終わる
CH 学期结束

휴학하다
EN withdraw from school temporarily
JP 休学する
CH 休学

밑줄 친 곳에 알맞은 말을 쓰십시오.

보기 방학이 끝나고 학기가 시작되면으면/면 많이 바빠질 거예요.

1) 이번 ______________ 고 방학을 하면 친구와 여행을 하려고 해요.

2) 내일 ______________ 기 때문에 오늘은 밤늦게까지 공부할 거예요.

3) 다음 학기에는 ______________ 고 미국에 가서 영어를 공부하려고 해요.

4) 저는 아직 한국말을 잘 못해서 한국말로 ______________ 는/은/ㄴ 것이 어려워요.

문법

1 에다가

- 책상에다가 책을 놓으세요.
- 여기에다가 이름을 써 주세요.
- 벽에다가 사진을 붙였어요.
- 커피에다가 설탕을 넣으세요.

마리아 씨가 오늘 처음 하숙집에 이사 와서 친구들이 도와주려고 합니다. 보기 와 같이 이야기해 봅시다.

마리아 씨의 물건

보기

친 구: 가방을 **어디에다가** 놓을까요?

마리아: 의자 **위에다가** 놓으세요.

2 -어도/아도/여도 되다

- 여기에 앉아도 돼요.
- 조금 늦게 출발해도 돼요.
- 그 음식을 먹어도 돼요?
- 오늘 밤에 전화해도 돼요?

선생님과 친구들에게 보기 와 같이 부탁해 봅시다.

보기 숙제 공책을 안 가지고 왔을 때

1) 수업 중에 배가 아플 때

2) 자리를 바꾸고 싶을 때

3) 교실 안이 너무 더울 때

4) 급한 전화가 왔을 때

5) 친구의 사전을 쓰고 싶을 때

보기

유 리: 선생님, 숙제 공책을 안 가지고 왔는데 내일 **내도 돼요**?

선생님: 네, 내일 **내도 돼요**. 내일은 꼭 주세요.

과제 1 말하기

01 두 사람이 각각 링링과 제임스가 되어 자신의 학교생활에 대해서 이야기해 봅시다.

1) 링링의 하루

09:00 ~ 13:00	한국어 수업
14:00 ~ 16:00	〈태권도 배우기〉 • 학교에서 일주일에 세 번 외국인 친구들과 태권도를 배움. • 태권도도 배우고 여러 나라에서 온 친구들도 만날 수 있음.
17:00 ~ 19:00	〈언어 교환〉 • 학교에서 소개해 준 한국친구를 일주일에 두 번 만나고 있음. • 한국어 연습을 할 수 있고 같이 서울 구경도 할 수 있음.

2) 제임스의 하루

09:00 ~ 13:00	한국어 수업
14:30 ~ 16:30	〈동아리 모임〉 • 학교에 있는 춤 동아리에서 여러 가지 춤을 배우고 있음. • 동아리 친구들과 같이 여행도 하고 가끔 학교에서 공연도 함.
17:30 ~ 19:30	〈봉사활동〉 • 일주일에 한 번 아이들에게 무료로 영어를 가르치고 있음. • 여러 사람들을 도와 줄 수 있어서 좋음.

언어 교환 EN language exchange JP 言語交換、ランゲージエクスチェンジ CH 语言交换
동아리 EN club JP サークル CH 社团
봉사활동 EN volunteer work JP 奉仕活動、ボランティア CH 志愿服务活动

보기

제임스: 링링 씨, 요즘 학교생활이 어때요?

링 링: 재미있어요. 오늘은 오후에 태권도를 배우러 갈 거예요.

제임스: 그래요? 태권도를 배운 지 얼마나 됐어요?

링 링: 얼마 안 됐어요.

제임스: 저도 배우고 싶었는데 같이 가도 돼요?

링 링: 그럼요. 여러 나라 친구들도 만날 수 있어서 좋을 거예요.

문화

• 대학교의 동아리

동아리는 어떤 분야에 같은 관심을 가진 대학생들의 모임입니다. 대학교마다 춤, 연극, 영화, 노래, 사진 동아리 등 다양한 동아리가 있습니다. 동아리 활동을 하면 친구들과 여행도 가고 학교 축제에서 공연을 하기도 합니다. 동아리 소개는 학교 홈페이지에 들어가면 볼 수 있고 학생이면 누구나 자유롭게 동아리에 가입할 수 있습니다.

과제 2 읽고 쓰기

01 다음을 읽고 질문에 답하십시오.

우리 반에는 재미있고 친절한 친구들이 많습니다. 그래서 저는 학교에서 한국어를 공부하는 것이 즐겁습니다. 반 친구들 중에서 마크 씨는 자기 나라의 문화와 고향에 대해서 이야기하는 것을 좋아합니다. 친구들은 마크 씨의 이야기를 재미있게 듣습니다.

치에 씨는 아주 열심히 공부하는 학생이어서 선생님께서 말씀하신 것들을 모두 공책에 씁니다. 그래서 친구들은 자주 치에 씨에게 부탁합니다. "치에 씨, 공책 좀 봐도 돼요?" 그러면 치에 씨는 항상 친절하게 보여줍니다.

왕밍 씨는 쉬는 시간에 자주 편의점에 가서 간식을 사 옵니다. 사 온 간식을 친구들과 나눠 먹습니다. 왕밍 씨가 있어서 쉬는 시간이 즐겁습니다.

저는 우리 반 친구들을 생각하면 기분이 좋아집니다. 우리 반 친구들과 즐거운 추억을 많이 만들었으면 좋겠습니다.

1) 위 글의 내용과 다른 것을 고르십시오. (　　　)

❶ 반 친구들이 있어서 학교생활이 즐겁습니다.
❷ 치에 씨는 친구들에게 공책을 잘 보여주지 않습니다.
❸ 마크 씨는 친구들에게 자기의 고향을 소개해 줍니다.
❹ 왕밍 씨는 간식을 사서 친구들과 나눠 먹는 것을 좋아합니다.

2) 이야기와 같으면 O, 다르면 X 하십시오.

❶ 마크 씨는 친구들의 이야기를 잘 들어줍니다. (　　　)
❷ 치에 씨는 선생님과 친구들에게 자주 부탁을 합니다. (　　　)

3) 이 사람은 반 친구들과 무엇을 하고 싶어합니까? 쓰십시오.

____

간식 EN snack JP 間食 CH 零食
추억 EN recollection / memory JP 思い出 CH 回忆
나눠 먹다 EN to share food and eat JP 分けて食べる CH 分着吃

02 반 친구들에 대한 이야기를 써 봅시다.

1) 반 친구들에 대해서 생각해 봅시다.

친구들의 이름	친구들의 특징	친구들과 하고 싶은 일

2) 이야기를 써 봅시다.

우리 반 친구들

03 읽어 봅시다.

모음 어울림 /ㅓ/ + 었 → 었, /ㅜ/ + 었 → 웠, /ㅡ/ + 었 → 었, /ㅣ/ + 었 → 였 /ㅏ/ + 았 → 았, /ㅗ/ + 았 → 왔, /하/ + 였 → 했	
• **만들다** → 만들었습니다	친구들과 즐거운 추억을 **만들었으면** 좋겠습니다.
• **크다** → 컸습니다	동생은 형보다 키가 더 **컸습니다.**
• **기다리다** → 기다렸습니다	한 시간 **기다렸지만** 친구가 오지 않았습니다.
• **가다** → 갔습니다	제 친구는 미국으로 여행을 **갔습니다.**
• **졸업하다** → 졸업했습니다	저는 2년 전에 고등학교를 **졸업했습니다.**

특징 EN special characteristic JP 特徵 CH 特征

과제 3 듣고 말하기

MP3 01

대화를 듣고 질문에 답하십시오.

1) 들은 내용과 같은 것을 고르십시오. (　　)

❶ 마이클 씨는 사전을 잃어버렸습니다.
❷ 마이클 씨는 김밥을 유카 씨 책상 위에 둘 것입니다.
❸ 유카 씨는 배가 고파서 식당에서 밥을 먹으려고 합니다.
❹ 유카 씨는 지금 사전을 안 써서 친구에게 빌려줬습니다.

2) 들은 내용과 같으면 O, 다르면 X 하십시오.

❶ 마이클 씨는 사전을 오래 사용할 것입니다. (　　)
❷ 마이클 씨는 사전을 사용한 후에 유카 씨 책상 위에 둘 겁니다. (　　)

MP3 02

대화를 듣고 질문에 답하십시오.

1) 들은 내용과 다른 것을 고르십시오. (　　)

❶ 슈테판 씨는 지금 한국말을 공부하고 있습니다.
❷ 수업 시간에 한국말로만 이야기할 수 있습니다.
❸ 숙제는 배운 단어와 문법을 복습하는 것입니다.
❹ 슈테판 씨는 한국말 공부가 어려워서 재미없습니다.

2) 들은 내용과 같으면 O, 다르면 X 하십시오.

❶ 여자는 슈테판 씨 학교생활을 잘 알고 있습니다. (　　)
❷ 슈테판 씨는 아직도 학교생활에 익숙해지지 않았습니다. (　　)

잃어버리다 EN to lose something JP なくす CH 丢失

MP3

03 대화를 듣고 질문에 답하십시오.

1) 들은 내용과 같으면 O, 다르면 X 하십시오.

❶ 오후 수업은 한 달에 두 번 있습니다. (　　)

❷ 마크 씨는 동양화 수업이 처음에는 어려웠지만 재미있어졌습니다. (　　)

2) 치에 씨는 왜 사물놀이를 배웁니까? 쓰십시오.

____

04 학교에 무슨 프로그램이 있었으면 좋겠습니까? 이야기해 봅시다.

한국 노래 배우기

한국 영화 보기

한국 음식 만들기

언어 교환

동양화 EN Oriental painting JP 東洋画 CH 东洋画

사물놀이 EN Korean traditional percussion music performed with four instruments JP サムルノリ CH 四物游戏

MP3_4

제4과

도서관에 들어가려면 학생증이 있어야 해요

- **학습 목표** 학교 시설 이용에 대해서 문의할 수 있다.
- **어휘** 직원, 이용하다, 홈페이지, 자세히
  도서관 관련 어휘
- **문법** -어야 하다, -으려면
- **과제** 학교 시설 이용에 대해서 문의하기
  자주 가는 학교 시설 소개하는 글 읽고 쓰기
  학교 시설 이용에 대한 문의 듣고 말하기

1 학교 안에 어떤 곳이 있습니까?

2 도서관을 이용할 때 무엇이 필요합니까?

MP3

마이클	실례합니다. 뭐 좀 물어보고 싶은데요.
직 원	무슨 일이세요?
마이클	학교 도서관을 이용하고 싶은데 어떻게 해야 해요?
직 원	도서관에 들어가려면 학생증이 있어야 해요.
마이클	몇 시부터 몇 시까지 이용할 수 있어요?
직 원	오전 9시부터 오후 10시까지 문을 엽니다.
	홈페이지를 보시면 자세히 알 수 있습니다.

직원
EN staff worker
JP 職員
CH 职员

이용하다
EN to use
JP 利用する
CH 使用

홈페이지
EN homepage
JP ホームページ
CH 主页

자세히
EN in detail
JP 詳しく
CH 仔细地

어휘

열람실	개방 시간	대출하다	반납하다	연장하다
EN reading room	EN opening hours	EN to borrow	EN to return	EN to extend
JP 閲覧室	JP 開放時間	JP 貸し出す	JP 返却する	JP 延長する
CH 阅览室	CH 开放时间	CH 借出	CH 返还	CH 延长

밑줄 친 곳에 알맞은 단어를 쓰십시오.

우리 학교에 도서관이 있습니다.

보기 도서관 개방 시간은은/는 오전 9시부터 오후 10시까지입니다.

도서관에 들어가면 층마다 1)____________ 이/가 있습니다.

거기에서 학생들은 공부도 하고 읽고 싶은 책을 2)____________ 을/ㄹ 수 있습니다.

빌린 책을 다 읽은 후에는 책을 3)____________ 습니다/ㅂ니다.

그러나 책을 더 읽고 싶을 때는 기간을 좀 더 4)____________ 을/ㄹ 수 있습니다.

문법

1 -어야/아야/여야 하다

- 오늘까지 이 일을 끝내야 해요.
- 사람이 많아서 오래 기다려야 해요.
- 건강이 나빠져서 담배를 끊어야 해요.
- 교통이 복잡하니까 일찍 출발해야 해요.

도서관을 이용할 때 조심해야 하는 것을 읽고 보기 와 같이 문장을 만들어 봅시다.

도서관 이용 시 주의 사항

- **학생증이 없으면 이용할 수 없습니다.**
- 도서관 안에서 휴대전화를 사용할 수 없습니다.
- 열람실 안에서 음식을 먹을 수 없습니다.
- 도서관 안에서 큰 소리로 이야기할 수 없습니다.
- 일반 열람실에서는 노트북을 사용할 수 없습니다. 노트북 열람실은 1층에 있습니다.
- 도서관 앞에 차를 세울 수 없습니다. 지하에 주차장이 있습니다.

보기 도서관을 이용할 때는 학생증이 있어야 합니다.

1) ______________________________.

2) ______________________________.

3) ______________________________.

4) ______________________________.

5) ______________________________.

2 -으려면/려면

- 그 영화를 보려면 예매해야 해요.
- 물건을 싸게 사려면 시장에 가세요.
- 좋은 자리에 앉으려면 일찍 가야 해요.
- 서울역에 가려면 몇 번 버스를 타야 해요?

마리아 씨는 한국에 온 지 3일밖에 안 돼서 모르는 것이 많습니다. 마리아 씨가 한국 생활을 잘 할 수 있게 좋은 방법을 가르쳐 줍시다.

보기

마리아: 서울 시내를 구경하고 싶어요.

친 구: 서울 시내를 **구경하려면** 서울 시티 투어 버스를 타세요. 편하게 서울을 구경할 수 있어요.

과제 1 읽고 말하기

01 학교 시설에 대한 안내문을 읽어 봅시다.

건강센터 이용 안내

- 이용하려면 학생증이 있어야 함.
- 학생회관 2층에 있음.
- 치료를 받고 약을 살 수 있음.
- 오전 9시 30분 ~ 오후 4시 30분까지 이용할 수 있음.

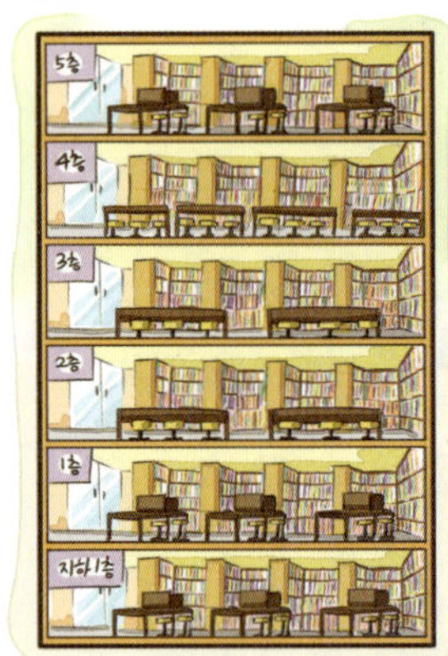

도서관 이용 안내

- 이용하려면 학생증이 있어야 함.
- 열람실(지하1층, 1층, 5층)에서 공부할 수 있음.
- 자료 열람실(2층, 3층, 4층)에서 책을 빌려서 볼 수 있음.
- 오전 9시 ~ 오후 10시까지 이용할 수 있음.

컴퓨터실 이용 안내

- 한국어학당 학생이면 모두 이용할 수 있음.
- 한국어학당 2층에 있음.
- 수업이 끝나고 자유롭게 이용할 수 있음.

안내 EN information JP 案内 CH 介绍、指南
치료를 받다 EN to get treatment JP 治療を受ける CH 接受治疗
자료 EN material JP 資料 CH 资料

02 직원과 학생이 되어 학교 시설 이용에 대해서 알아봅시다.

학교 건강센터 이용에 대해서 알아본다.	학교 도서관 이용에 대해서 알아본다.	학교 컴퓨터실 이용에 대해서 알아본다.

보기

학생: 실례합니다. 뭐 좀 물어 보고 싶은데요.
직원: 무슨 일이세요?
학생: 감기에 심하게 걸렸어요. 치료를 받으려면 어떻게 해야 해요?
직원: 학생회관 2층에 건강센터가 있어요. 학생증을 가지고 가면 그 곳에서 치료를 받을 수 있어요.
학생: 몇 시부터 몇 시까지 문을 열어요?
직원: 오전 9시 30분부터 오후 4시30분까지 문을 엽니다.

심하다 EN to be extreme / to be severe / to be serious JP ひどい CH 严重

과제 2 읽고 쓰기

01 다음을 읽고 질문에 답하십시오.

우리 학교에는 도서관, 컴퓨터실, 학생회관과 같이 편리한 시설이 많습니다. 학생들은 이런 학교 시설을 자주 이용합니다.

학교의 여러 가지 시설 중에서 제가 자주 가는 곳은 도서관 안에 있는 멀티미디어센터입니다. 이곳에는 여러 대의 컴퓨터가 있고 필요한 멀티미디어 자료가 많습니다.

멀티미디어센터에서는 외국어 공부를 하거나 좋아하는 음악도 들을 수 있습니다. 그래서 저는 수업이 끝나고 여기에서 한국어 공부도 하고 좋아하는 음악도 듣습니다. 물론 컴퓨터실은 기숙사 안에도 있기는 하지만 멀티미디어센터가 더 크고 편리합니다.

멀티미디어센터 안에는 영화감상실도 있습니다. 이곳은 영화를 좋아하는 사람들에게 인기가 많습니다. 영화감상실에서는 일주일에 두 번 무료로 영화를 볼 수 있습니다.

1) 이 사람이 자주 가는 곳은 어디입니까? (　　　)

❶ 건강센터　❷ 운동장　❸ 학생회관　❹ 도서관

2) 멀티미디어센터에서 할 수 없는 것은 무엇입니까? (　　　)

❶ 영화 감상　❷ 컴퓨터 게임　❸ 한국어 공부　❹ 음악 감상

3) 이 사람은 수업이 끝나고 무엇을 합니까? 쓰십시오.

____

학교 시설 EN school facilities JP 学校施設 CH 学校设施

02 자주 가는 학교 시설에 대해서 써 봅시다.

1) 자주 가는 학교 시설에 대해서 생각해 봅시다.

여러 가지 학교 시설 → 자주 가는 곳 → 그 곳의 특징

2) 이야기를 써 봅시다.

자주 가는 학교 시설

03 읽어 봅시다.

소리 이음 1	
• **시설을** [시서를]	편리한 학교 **시설을** 자주 이용합니다.
• **수업이** [수어비]	**수업이** 끝나고 멀티미디어센터에 갑니다.
• **안에는** [아네는]	멀티미디어센터 **안에는** 영화감상실도 있습니다.
• **이곳은** [이고슨]	**이곳은** 사람들에게 인기가 많습니다.
• **일주일에** [일쭈이레]	**일주일에** 두 번 영화를 볼 수 있습니다.

과제 3 듣고 말하기

MP3

01 대화를 듣고 질문에 답하십시오.

1) 이 사람은 왜 전화를 했습니까? ( )

❶ 학교에 들어오려고
❷ 기숙사 방을 바꾸려고
❸ 학교 위치를 물어보려고
❹ 기숙사에 대해 물어보려고

2) 들은 내용과 같으면 O, 다르면 X 하십시오.

❶ 기숙사 방에 샤워실이 없습니다. ( )
❷ 기숙사에 혼자 쓰는 방이 있습니다. ( )
❸ 홈페이지에 기숙사 소개가 있습니다. ( )

MP3

02 대화를 듣고 질문에 답하십시오.

1) 여기는 어디입니까? ( )

❶ 식당
❷ 도서관
❸ 컴퓨터실
❹ 학생회관

2) 들은 내용과 같은 것을 고르십시오. ( )

❶ 좌석표는 직원에게서 받습니다.
❷ 좌석표 1장은 3시간 사용할 수 있습니다.
❸ 좌석표를 뽑으려면 학생증이 있어야 합니다.
❹ 좌석표를 뽑을 때 열람실을 고를 수 없습니다.

좌석표 EN place card JP 座席表 CH 座席票
대다 EN to put / to place / to touch JP あてる CH 动手、接触、赶
기계 EN machine JP 機械 CH 器械
뽑다 EN to pull out JP 引く CH 抽取

MP3

03 대화를 듣고 질문에 답하십시오.

1) 이 커피숍에 대한 내용으로 맞는 것을 고르십시오. (   )

❶ 도서관 옆에 있습니다.
❷ 학생들이 만든 곳입니다.
❸ 일요일에는 항상 쉽니다.
❹ 다른 곳보다 값이 쌉니다.

2) 몇 시부터 몇 시까지 문을 엽니까? 빈 칸에 쓰십시오.

	시간
평일	
토요일	

04 학교 홈페이지에 있는 안내를 보고 더 알고 싶은 것을 직원에게 물어봅시다.

『음악 사랑』	『이야기 방』	『더 스파게티아』
- 음악을 좋아하는 사람은 오십시오. - 클래식부터 테크노까지 모두 들을 수 있습니다.	- 여학생만을 위한 공간 입니다. - 편안한 소파와 의자가 있습니다. - 학생회관 3층에 있습니다.	- 스파게티, 샐러드가 있습니다. - 오전 9시부터 오후 7시까지 문을 엽니다.

시험 기간 EN testing period JP 試験期間 CH 考试期间
공간 EN space JP 空間 CH 空间
편안하다 EN to be comfortable JP 楽だ CH 舒适

MP3_5

제5과

박물관 안에서 사진을 찍어도 되나요?

- **학습 목표** 박물관 관람에 대해서 이야기할 수 있다.
- **어휘** 안내원, 전시하다, 박물관
  박물관 관련 어휘
- **문법** -나요?, -으면 안 되다
- **과제** 박물관 이용 방법 설명하기
  박물관 관람에 대한 글 읽고 쓰기
  박물관 관람에 대한 대화 듣고 말하기

1. 박물관에 가 본 적이 있습니까?
2. 어떤 박물관이 있습니까?

MP3

안내원

EN guide
JP 案内員、ガイド
CH 讲解员

전시하다

EN to exhibit
JP 展示する
CH 展示

박물관

EN museum
JP 博物館
CH 博物馆

안내원 여기는 600년 서울의 역사를 전시한 곳입니다.

샤오밍 서울의 역사가 이렇게 달라졌군요.

안내원 자, 오른쪽부터 구경해 보십시오.

샤오밍 박물관 안에서 사진을 찍어도 되나요?

안내원 아니요, 사진을 찍으면 안 됩니다.

샤오밍 네, 잘 알겠습니다.

어휘

매표소
EN ticket booth
JP チケット売り場
CH 售票处

관람료 / 관람 시간
EN Admission fee /Admission hours
JP 観覧料/観覧時間
CH 参观费/参观时间

전시실
EN exhibition room
JP 展示室
CH 展示厅

전시물
EN an exhibit
JP 展示物
CH 展示品

관람하다
EN to see / to view
JP 観覧する
CH 参观

밑줄 친 곳에 알맞은 단어를 쓰십시오.

보기 박물관을 관람하려면 매표소에서 표를 사야 합니다.

1) 박물관의 ________________ 은/는 오전 9시부터 오후 6시까지입니다.

2) ________________ 에서 옛날 물건이나 사진 등 달라진 역사를 볼 수 있습니다.

3) ________________ 을/를 내지 않고 무료로 관람할 수 있는 박물관도 있습니다.

4) 박물관에서 옛날 옷이나 물건과 같은 여러 가지 ________________ 을/를 볼 수 있습니다.

5) 한국의 문화를 알고 싶어서 박물관을 ________________ 는/은/ㄴ 외국인들이 많습니다.

문법

1 -나요?, -은가요/ㄴ가요?

- 설날에 한국 사람들은 무엇을 하나요?
- 기숙사에서 인터넷을 쓸 수 있나요?
- 여기는 추운데 부산은 날씨가 어떤가요?
- 서울에서 제일 유명한 관광지가 어디인가요?

친구와 같이 물건 이름 맞히기 게임을 해 봅시다.

- 방법 :
  1) 두 사람씩 짝을 이룬다.
  2) 한 사람이 자기가 가지고 있는 물건 하나를 생각한다.
  3) 다른 사람은 일곱 번 질문을 해서 상대방이 생각한 것을 말한다.

질문	➡	대답
매일 가지고 **다니나요?**		네, 매일 가지고 다녀요.
이것은 **큰가요**? **작은가요**?		크지 않아요.
공부할 때 **필요한가요**?		아니요, 필요 없어요.
무거운가요? **가벼운가요**?		무겁지 않아요.
어디에서 이것을 **샀나요**?		백화점에서 샀어요.
이것 안에 물건을 **넣을 수 있나요**?		네, 돈과 카드를 넣을 수 있어요.
그럼, **지갑인가요**?		네, 맞아요.

2 -으면/면 안 되다

- 시험을 볼 때 사전을 보면 안 돼요.
- 도서관에서 시끄럽게 떠들면 안 돼요.
- 비행기에서 휴대전화를 사용하면 안 돼요.
- 여기에서 담배를 피우면 안 돼요?

사람이 많은 공공장소에서는 무엇을 하면 안 됩니까? 보기 와 같이 이야기해 봅시다.

보기 병원	1) 극장	2) 지하철
3) 미술관	4) 공원	5) 교실

보기

병원에서는 휴대전화를 **사용하면 안 돼요.**

담배를 **피우면 안 돼요.**

과제 1 읽고 말하기

01 두 사람이 각각 서로 다른 박물관 관람 안내를 읽으십시오.

한국 영화 박물관

- **관람료: 무료**
- **관람 시간: 10:00 ~ 19:00**
- **휴관일: 1월 1일, 매주 월요일**
- **전시실 안에서 사진을 찍으면 안 됩니다.**
- **박물관에서 뛰거나 떠들면 안 됩니다.**

만화 박물관

- 관람료: 5,000원
- 관람 시간: 10:00 ~ 18:00
- 휴관일: 1월 1일, 매주 화요일
- 박물관 안에서는 담배를 피우면 안 됩니다.
- 휴대전화는 꺼 주십시오.

로봇 박물관

- 관람료: 8,000원
- 관람 시간: 10:00 ~ 19:00
- 휴관일: 매주 월요일
- 전시물을 만지면 안 됩니다.
- 음식은 박물관 안에 있는 식당에서만 드실 수 있습니다.

휴관일 EN days closed JP 休館日 CH 闭馆日
떠들다 EN to make noise JP 騒ぐ CH 喧哗
뛰다 EN to run JP 走る CH 跑
만지다 EN to touch JP 触る CH 触摸

02 박물관 관람 방법에 대해서 물어 봅시다.

보기

샤오밍: 한국 영화 박물관은 몇 시까지 관람할 수 있어요?

유 리: 7시까지 관람하실 수 있어요.

샤오밍: 관람료는 얼마인가요?

유 리: 무료예요.

샤오밍: 전시실에서 사진을 찍어도 되나요?

유 리: 아니요, 전시실에서 사진을 찍으면 안 돼요.

문화

• 서울의 박물관

국립중앙박물관은 한국에 있는 박물관 중에서 제일 큰 박물관입니다.

국립고궁박물관과 국립민속박물관은 경복궁 옆에 있습니다. 국립고궁박물관에 가면 옛날 왕과 왕비가 사용한 물건들을 구경할 수 있습니다. 국립민속박물관에서는 옛날 사람들의 옷, 음식, 집 등을 볼 수 있습니다.

서울역사박물관은 서울의 역사를 알 수 있는 박물관입니다.

과제 2 읽고 쓰기

01 다음을 읽고 질문에 답하십시오.

저는 한국에 온 지 4개월 됐지만 한국말도 잘 못하고 길도 잘 몰라서 서울 구경을 많이 못했습니다. 그런데 수업 시간에 선생님께서 서울역사박물관을 소개해 주셔서 지난주 토요일에 친구와 같이 갔습니다.

서울역사박물관은 무료로 관람할 수 있어서 좋았습니다. 2층에는 전시실이 두 곳 있었습니다. 1전시실에서는 달라진 서울의 모습을 볼 수 있었고, 2전시실에서는 옛날 사람들이 사용한 물건들을 구경할 수 있었습니다.

그런데 전시물을 소개하는 설명이 너무 짧았습니다. 그래서 음성 안내기를 빌려서 영어로 더 자세하게 전시물의 설명을 들었습니다. 박물관에서 서울의 역사와 문화를 많이 배울 수 있었습니다.

관람을 한 후에는 1층에 있는 기념품 가게에서 가족들에게 줄 선물을 샀습니다. 서울에는 박물관이 많은데 다음에는 다른 박물관에도 가 보고 싶습니다.

1) 이 사람에 대한 내용으로 맞는 것을 고르십시오. (　　)

❶ 지금까지 바빠서 서울 구경을 하지 못했습니다.
❷ 선생님 말씀을 듣기 전부터 서울역사박물관을 알았습니다.
❸ 박물관 근처에 있는 선물 가게에서 가족 선물을 샀습니다.
❹ 전시물에 대해서 더 알고 싶어서 음성 안내기를 빌렸습니다.

2) 이야기와 같으면 O, 다르면 X 하십시오.

❶ 전시실 안에는 전시물에 대한 설명이 없었습니다. (　　)
❷ 주말이어서 박물관 관람료를 더 많이 내야 했습니다. (　　)

3) 이 사람은 박물관에서 무엇을 배울 수 있었습니까? 쓰십시오.

____

모습 EN appearance JP 姿 CH 样子
설명 EN explanation JP 説明 CH 说明
음성 안내기 EN voice guidance JP 音声ガイド CH 语音解说器
사용하다 EN to use JP 使用する CH 使用

02 여러분이 가 본 박물관에 대해서 써 봅시다.

1) 가 본 박물관에 대해서 생각해 봅시다.

무슨 박물관에 갔어요?

무엇을 봤어요?

어땠어요?

2) 이야기를 써 봅시다.

내가 가 본 박물관

03 읽어 봅시다.

소리 이음 2	
• **있었습니다** [이썯씀니다]	달라진 서울의 모습을 볼 수 **있었습니다.**
• **짧았습니다** [짤받씀니다]	전시물을 소개하는 설명이 너무 **짧았습니다.**
• **넓어서** [널버서]	제 하숙집 방은 **넓어서** 좋습니다.
• **값을** [갑쓸], **깎아** [까까]	물건 **값을 깎아** 주는 가게가 많습니다.
• **앉았습니다** [안잗씀니다]	선생님께서 교실에 들어오셔서 학생들이 자리에 **앉았습니다.**

과제 3 듣고 말하기

MP3

01 **대화를 듣고 맞는 상황과 연결하십시오.**

1) • • 

2) • • 

3) • • 

MP3

02 **대화를 듣고 질문에 답하십시오.**

1) 들은 내용과 같은 것을 고르십시오. (　　　)

❶ 두 사람은 한복을 입고 사진을 찍고 있습니다.
❷ 남자는 여자에게 박물관을 안내해 주고 있습니다.
❸ 이 전시실 안에서 옛날 왕의 옷을 입어 볼 수 있습니다.
❹ 여자는 박물관에 있는 옷을 입어 봤는데 정말 예뻤습니다.

2) 들은 내용과 같으면 O, 다르면 X 하십시오.

❶ 남자는 한복을 입어 보고 싶어했습니다. (　　　)
❷ 두 사람은 옛날 왕의 옷을 구경하고 있습니다. (　　　)

왕 EN king JP 王 CH 王

결혼하다 EN to marry JP 結婚する CH 结婚

MP3

03 대화를 듣고 질문에 답하십시오.

1) 들은 내용과 같으면 O, 다르면 X 하십시오.

❶ 부채에 있는 꽃 그림은 유카 씨가 그리지 않았습니다. ( )

❷ 박물관에서 하는 부채 만들기 프로그램은 인기가 있습니다. ( )

❸ 박물관에는 여러 가지를 할 수 있는 프로그램이 있습니다. ( )

2) 남자는 왜 부채를 만들고 싶어합니까? 쓰십시오.

____

04 박물관 프로그램의 안내 포스터입니다. 여러분은 무엇을 해 보고 싶습니까? 이야기해 봅시다.

『부채 만들기』

날짜: 매주 화요일
시간: 2:00~4:00

내가 그리고 싶은 그림을 부채에다가 그릴 수 있어요!

『도자기 만들기』

날짜: 매주 토요일
시간: 10:00~12:00

예쁜 컵, 그릇 등 여러 가지 도자기를 만들 수 있어요!

『탈 만들기』

날짜: 매주 목요일
시간: 11:00~1:00

탈도 만들고 탈춤도 배울 수 있어요!

부채 EN fan JP 扇、扇子 CH 扇子
탈 EN mask JP お面 CH 假面
도자기 EN ceramics JP 陶磁器 CH 陶瓷

MP3_6

제6과

아무 데나 앉으면 안 되는군요

- **학습 목표** 지하철 관련 정보를 익히고 지하철을 이용할 수 있다.
- **어휘** 비다, 노약자석, 연세, 불편하다, 데
  지하철 관련 어휘
- **문법** -는데, 아무
- **과제** 지하철 이용 예절에 대해서 말하기
  재미있는 지하철역에 대한 글 읽고 쓰기
  지하철 이용에 대한 이야기 듣고 말하기

1 한국에서 지하철을 타 본 적이 있습니까?

2 지하철을 이용하기가 어떻습니까?

MP3

(안내 방송)

"다음 역은 서울역, 서울역입니다. 내리실 문은 오른쪽입니다."

슈테판　저기 자리가 비었는데 가서 앉읍시다.

영　주　저긴 노약자석이니까 앉으면 안 돼요.

슈테판　노약자석요?

영　주　연세가 많으신 분들과 몸이 불편하신 분들이 앉는 자리예요.

슈테판　지하철에서 아무 데나 앉으면 안 되는군요.

영　주　이제 내려야 하니까 문 쪽으로 가요.

비다
EN to be empty
JP 空く
CH 空

노약자석
EN priority seating for the elderly or disabled
JP 老弱者席、優先席
CH 老弱专席

연세
EN age
JP 年齢、歳の尊敬語
CH 年纪

불편하다
EN to be uncomfortable
JP 不便だ
CH 不方便

데
EN place
JP 場所(所)
CH -的地方

어휘

안내 방송
EN Public announcement
JP 案内放送
CH 指南广播

승강장
EN platform
JP 乗り場
CH 站台

스크린 도어
EN screen door
JP スクリーンドア
CH 屏蔽门

환승역
EN transfer station
JP 乗換駅
CH 换乘站

노약자석
EN priority seating for the elderly or disabled
JP 老弱者席、優先席
CH 老弱专席

열차
EN train
JP 列車
CH 列车

밑줄 친 곳에 알맞은 단어를 쓰십시오.

보기 지하철이나 버스의 노약자석은 은/는 할머니, 할아버지가 앉는 자리입니다.

1) 지하철을 타고 내리는 곳은 ______________ 입니다.

2) 사람들이 가끔 승강장 아래로 떨어지기 때문에 ______________ 을/를 만들었어요.

3) 지하철을 타고 모르는 곳에 갈 때 ______________ 을/를 잘 듣고 내려야 합니다.

4) 지하철역에 ______________ 이/가 들어올 때 승강장 노란선 밖으로 나가면 위험합니다.

5) 종로3가역은 1호선과 3호선, 5호선으로 갈아탈 수 있는 ______________ 이기 때문에 항상 복잡해요.

문법

1 -는데, -은데/ㄴ데

- 비가 많이 오는데 운전 조심하세요.
- 민호가 영어를 잘 하는데 민호한테 물어봐.
- 여기는 좀 시끄러운데 다른 곳으로 갑시다.
- 제가 김밥을 만들었는데 한번 드셔 보세요.

반 모임을 하려고 합니다. 친구들과 반 모임을 계획해 봅시다.

보기		왕밍	시험이 끝나서 반 모임을 하려고 합니다.
1)		마크	수요일과 목요일에는 약속이 있고 금요일 오후에는 시간이 있습니다. 주말에도 한가합니다.
2)		링링	월요일부터 금요일까지 저녁마다 아르바이트를 해서 평일에 바쁩니다.
3)		치에	토요일 점심 때 약속이 있지만 오후에는 한가합니다.
4)		제임스	먹는 것을 좋아해서 맛있는 식당을 많이 알고 있습니다. 강남역 근처에 있는 식당에 자주 갑니다. 그 식당은 학교에서 1시간쯤 걸립니다.
5)		유카	학교 근처에 있는 식당을 많이 알고 있습니다. 그 중에서 행복식당이 싸고 맛있어서 좋아합니다.

왕 밍: **보기** 시험이 모두 끝났는데 반 모임을 합시다.

언제 반 모임을 하면 좋을까요?

마 크: 1) ______________________ 는데/은데/ㄴ데 금요일

저녁에 만납시다.

링 링: 미안해요. 2) ______________________ 는데/은데/ㄴ데

토요일에 만나면 안 될까요?

왕 밍: 좋습니다. 그럼 토요일에 반 모임을 합시다. 시간을 정할까요?

치 에: 저는 3) ______________________ 는데/은데/ㄴ데

______________________.

왕 밍: 네, 그럼 토요일 저녁 6시에 반 모임을 하겠습니다.

좋은 장소가 있으면 말씀해 주십시오.

제임스: 4) ______________________ 는데/은데/ㄴ데

______________________.

유 카: 거기는 좀 5) ______________________ 는데/은데/ㄴ데

______________________.

왕 밍: 그럼 유카 씨가 말한 학교 근처에 있는 식당에서 만날까요? 어떻습니까?

모 두: 네, 좋습니다.

왕 밍: 그럼 토요일 저녁 6시에 행복식당에서 반 모임을 하겠습니다.

2 아무

- 자리가 많은데 아무 데나 앉읍시다.
- 시간이 없으니까 아무 거나 빨리 먹읍시다.
- 아무나 오셔서 좀 도와주시겠어요?
- 아무 약이나 먹으면 안 됩니다.

아이들은 조심해야 할 것이 많습니다. 여러분은 어렸을 때 부모님한테서 어떤 말을 자주 들었습니까? 그림을 보고 이야기해 봅시다.

보기

1

2

3

4

5

아무나

아무 데나

아무 영화나

아무 책이나

아무거나

아무 때나

보기 아무나 따라가면 안 돼.

1) ______________________________.

2) ______________________________.

3) ______________________________.

4) ______________________________.

5) ______________________________.

과제 1 말하기

01 지하철을 이용할 때 무엇을 지켜야 합니까? 3~4명이 함께 이야기한 후 발표해 봅시다.

휴대전화는 진동으로, 통화할 때는 작은 소리로

보기

지하철역에서 걸을 때 오른쪽으로 걷는 것이 좋습니다. 사람들이 많을 때 한쪽으로 걷지 않고 아무 데로나 걸으면 더 복잡해지고 다칠 수 있습니다. 그리고 지하철에서 앉을 때는 다리를 모으고 앉아야 합니다. 다리를 모으고 앉지 않으면 여러 사람이 같이 앉기가 어렵습니다.

다치다 EN to get hurt JP 怪我する CH 受伤

모으다 EN to gather JP 集める、まとめる CH 并拢、收集

과제 2 읽고 쓰기

01 다음을 읽고 질문에 답하십시오

서울에는 재미있는 것을 볼 수 있는 지하철역이 많습니다. 저는 지하철역에서 그림도 보고 공연도 구경했습니다.

지난주에 경복궁을 구경하고 지하철을 타려고 지하철역 안으로 들어갔습니다. 역 안에는 무료로 그림을 볼 수 있는 미술관이 있었습니다. 아름다운 그림들이 많았는데 그 중에서 저는 한글로 그린 지도가 제일 멋있었습니다.

어제는 친구와 동대문시장에서 쇼핑을 한 후에 동대문역사문화공원역에서 음악 공연을 봤습니다. 에콰도르의 음악 공연이었는데 음악 소리가 크고 신나서 구경하는 사람들이 많았습니다. 음악을 듣고 있는 동안 에콰도르를 여행하는 것 같았습니다.

서울의 다른 지하철역에서도 다양한 행사를 합니다. 노래 대회를 여는 곳도 있고 의사 선생님을 만나서 건강에 대해서 이야기할 수 있는 곳도 있습니다. 재미있는 지하철역이 많아서 지하철 이용하기가 즐겁습니다.

1) 위 글은 무엇에 대한 글입니까? (　　　)

❶ 음악 공연　❷ 미술관 구경　❸ 지하철역 찾기　❹ 재미있는 지하철역

2) 위 글의 내용과 같은 것을 고르십시오. (　　　)

❶ 동대문역사문화공원역에 미술관이 있습니다.
❷ 서울의 지하철역에서 여러 가지 행사를 합니다.
❸ 경복궁역 미술관에 들어갈 때 돈을 내야 합니다.
❹ 이 사람은 음악 공연을 보려고 동대문시장에 갔습니다.

3) 이 사람은 음악 공연을 봤을 때 기분이 어땠습니까? 쓰십시오.

행사 EN event JP 行事、イベント CH 活动

대회 EN contest / competition JP 大会 CH 大会、赛会

02 여러분이 가 본 재미있는 지하철역에 대해서 써 봅시다.

1) 재미있는 지하철역에 대해서 생각해 봅시다.

지하철역 이름 ➡ 특징 ➡ 느낀 점

2) 이야기를 써 봅시다.

재미있는 지하철역

03 읽어 봅시다.

소리 이음 3	겹받침 'ㄶ, ㅀ' 뒤에 모음이 오면 /ㅎ/ 소리는 없어진다.
• **많았는데** [마난는데]	그림이 **많았는데** 한글로 그린 지도가 멋있었습니다.
• **많이** [마니]	어제 시장에 가서 물건을 **많이** 샀어요.
• **괜찮아요** [괜차나요]	아무 데나 앉아도 **괜찮아요**?
• **싫으면** [시르면]	외출하기가 **싫으면** 집에서 영화를 볼까?
• **않은** [아는]	시끄럽지 **않은** 곳에서 살고 싶어요.

과제 3 듣고 말하기

MP3

01 안내 방송을 듣고 관계있는 그림을 고르십시오.

1) (   )

①

②

③

④

2) (   )

①

②

③

④

행 EN bound for JP ～行き CH 行(方向)

안전하다 EN to be safe JP 安全だ CH 安全

승객 EN passenger JP 乗客 CH 乘客

승차하다 EN to get on a train or car or taxi JP 乗車する CH 乘车

3) (　　　)

❶ 

❷ 

❸ 

❹ 

MP3

02 **대화를 듣고 질문에 답하십시오.**

1) 두 사람은 어디에서 이야기하고 있습니까? (　　　)

❶ 편의점 ❷ 지하철 안
❸ 지하철역 승강장 ❹ 지하철역에 가는 길

2) 들은 내용과 같은 것을 고르십시오. (　　　)

❶ 편의점에서 1회용 교통카드를 팝니다.
❷ 지하철을 탈 때 교통카드가 없어도 됩니다.
❸ 한 번만 사용할 수 있는 교통카드가 있습니다.
❹ 일회용 교통카드는 아무 데서나 살 수 있습니다.

사이 EN in between JP 間 CH 之间、中间
일회용 EN disposable JP 一回用、使い捨て CH 一次性
조심하다 EN to be careful JP 気をつける CH 小心

MP3

03 대화를 듣고 질문에 답하십시오.

1) 들은 내용과 같으면 O, 다르면 X 하십시오.

❶ 무인우편창구는 24시간 이용할 수 있습니다. ( )

❷ 두 사람은 지하철 안에서 이야기하고 있습니다. ( )

❸ 치에 씨는 지하철역 무인우편창구를 이용한 적이 있습니다. ( )

2) 무인우편창구에서 무엇을 할 수 있습니까? 쓰십시오.

____

04 지하철역에서 이용할 수 있는 편의시설은 무엇이 있습니까? 이야기해 봅시다.

엘리베이터

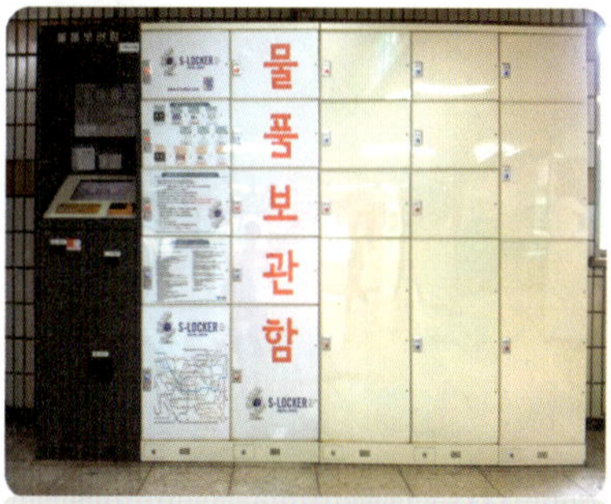

물품 보관함

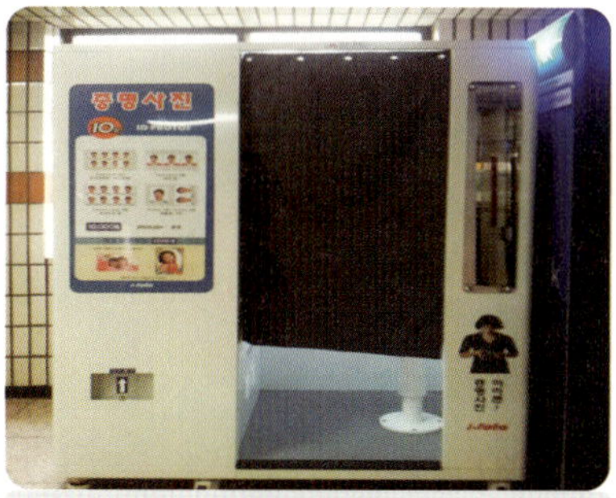

자동 사진기

과자 자판기

무인우편창구 EN automatic postal window JP 無人郵便窓口 CH 无人邮政窗口

소포 EN package JP 小包 CH 包裹

MP3_7

제 7 과

김치를 볶다가 밥을 넣어

- **학습 목표** 음식을 만드는 방법을 설명할 수 있다.
- **어휘** 김치볶음밥, 썰다, 프라이팬, 기름, 볶다
  요리 관련 어휘
- **문법** 격식체 반말, -다가
- **과제** 음식을 만드는 방법 설명하기
  음식을 만드는 방법 읽고 쓰기
  음식 소개와 만드는 방법 듣고 말하기

1 한국 요리를 해 본 적이 있습니까?

2 무슨 요리를 배우고 싶습니까?

MP3

영주　유리야, 뭘 그렇게 보고 있니?

유리　인터넷에서 김치볶음밥 만드는 방법을 찾고 있어.

넌 만드는 방법을 아니?

영주　응, 알아. 그런데 김치볶음밥은 왜?

유리　한번 만들어 보고 싶어서.

먼저 김치를 썬 후에 어떻게 해야 해?

영주　프라이팬에다가 기름을 넣고 김치를 볶다가 밥을 넣어.

유리　아주 쉽구나. 가르쳐 줘서 고마워.

김치볶음밥
EN kimchi fried rice
JP キムチチャーハン
CH 泡菜炒饭

썰다
EN to cut / to chop
JP 刻む
CH 切

프라이팬
EN frying pan
JP フライパン
CH 平底锅

기름
EN oil
JP 油
CH 油

볶다
EN to stir fry
JP 炒める
CH 炒

어휘

볶다
EN to stir fry
JP 炒める
CH 炒

찌다
EN to steam
JP 蒸す
CH 蒸

굽다
EN to bake/to broil
JP 焼く
CH 烤

튀기다
EN to fry in deep oil
JP 揚げる
CH 炸

비비다
EN to mix
JP 混ぜ合わせる
CH 拌

끓이다
EN to boil (water)
JP 煮る、沸かす
CH 烧

삶다
EN to boil
JP ゆでる
CH 煮

밑줄 친 곳에 알맞은 단어를 쓰십시오.

보기 만두는 찜통에 쪄서 어서/아서/여서 먹어요.

1) 감자는 프라이팬에 ____________ 어서/아서/여서 먹어요.

2) 라면은 냄비에 ____________ 어서/아서/여서 먹어요.

3) 비빔밥은 밥과 채소를 ____________ 어서/아서/여서 먹어요.

4) 돈가스는 기름에 ____________ 어서/아서/여서 먹어요.

5) 생선은 불 위에 ____________ 어서/아서/여서 먹어요.

6) 국수는 끓는 물에 ____________ 어서/아서/여서 먹어요.

문법

1 -는다/ㄴ다, -다, -니?, -어라/아라/여라, -자

- 나는 날마다 7시에 일어난다.
- 미선아, 오늘 저녁에 시간 있니?
- 영수야, 비가 오니까 우산 가지고 가라.
- 수업이 끝나고 같이 영화를 보자.

〈백설 공주〉 이야기입니다. 잘못된 부분을 고치고 역할극을 해 봅시다.

제목: 백설 공주

나오는 사람: 백설 공주 왕비 사냥꾼 난쟁이 거울

옛날 옛날에 백설 공주와 나쁜 왕비가 있었습니다. 왕비는 거울에게 물었습니다.

왕비: 보기 "거울아, 거울아, 이 세상에서 누가 가장 아름답습니까?"

거울: "왕비님이 가장 아름다우십니다."

어느 날, 왕비는 거울에게 또 물었습니다.

왕비: 1) "거울아, 거울아, 이 세상에서 누가 제일 예쁩니까?"

거울: "가장 예쁜 사람은 백설 공주님이십니다."

이 말을 들은 왕비는 화가 났습니다. 그래서 사냥꾼을 불렀습니다.

왕비: 2) "너는 가서 백설 공주를 죽이십시오."

하지만 사냥꾼은 백설 공주를 죽이지 않았습니다.

백설 공주는 난쟁이 집으로 갔습니다. 거기에는 맛있는 음식이 있었습니다.

백설 공주: 3) "아, 음식입니다. 4) 맛있겠습니다."

배가 고픈 백설 공주는 난쟁이의 음식을 다 먹었습니다.

조금 후에 난쟁이들이 돌아와서 백설 공주의 이야기를 들었습니다.

난쟁이: 5) "백설 공주야, 그럼 여기서 우리와 같이 삽시다."

보기 **거울아, 거울아, 이 세상에서 누가 가장 아름답니?**

1) ______________________________?

2) ______________________________.

3) ______________________________.

4) ______________________________.

5) ______________________________.

2 -다가

- 책을 읽다가 잠깐 쉬고 있었어요.
- 똑바로 가다가 사거리에서 오른쪽으로 가세요.
- 수영을 배우다가 너무 어려워서 그만두었어요.
- 공부를 하다가 머리가 아파서 밖으로 나갔어요.

그림을 보고 영수 씨의 일기를 완성해 봅시다.

영수의 일기

오늘은 집에서 일찍 나왔다. 보기 그런데 학교에 가다가 중학교 때 친구를 만났다.

우리는 이야기를 오래 했다. 친구와 헤어지고 학교까지 뛰어 갔다.

하지만 ____________________. 학교에 도착해서 수업을 들을 때 계속 전화가 왔다.

그래서 ____________________. 하지만 잘못 걸린 전화였다.

수업이 끝나고 김치찌개를 먹었다. 하지만 너무 짜서 ____________________.

점심을 먹고 집으로 가는데 책을 학교에 놓고 와서 ____________________.

집에 와서 숙제를 했다. 하지만 피곤해서 ____________________.

과제 1 읽고 말하기

01 한국 음식을 만드는 방법을 알아봅시다. 두 사람씩 짝을 지어 각각 하나를 골라 읽으십시오.

떡볶이

재료: 떡, 어묵, 채소, 고추장, 설탕

만드는 방법

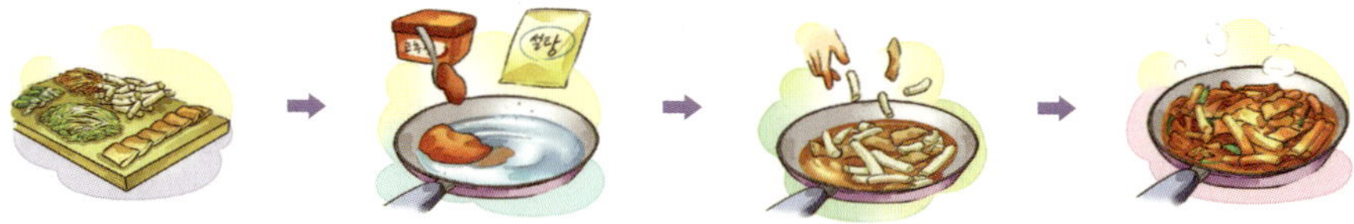

1. 떡을 씻는다. 어묵과 채소를 썬다.
2. 냄비에 물을 넣고 고추장과 설탕을 넣는다.
3. 물이 끓으면 떡과 어묵을 넣는다.
4. 떡이 익으면 채소를 넣고 좀 더 끓인다.

김치볶음밥

재료: 김치, 밥, 채소, 달걀

만드는 방법

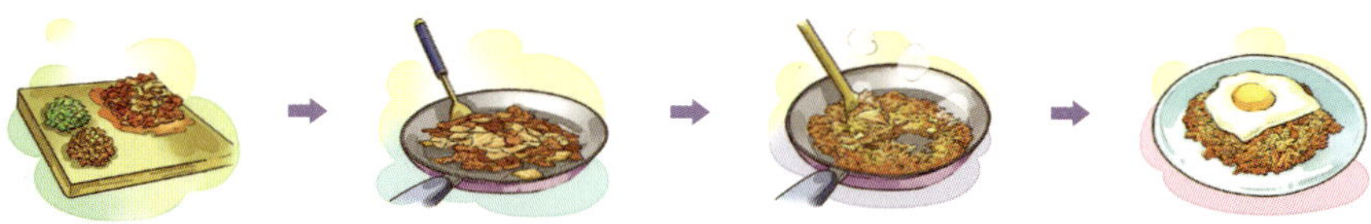

1. 김치와 채소를 작게 썬다.
2. 프라이팬에 기름을 넣고 김치와 채소를 볶는다.
3. 김치와 채소를 볶다가 밥을 넣고 같이 볶는다.
4. 마지막에 달걀 프라이를 한다.

된장찌개

재료: 된장, 호박, 감자, 양파, 두부

만드는 방법

1. 호박, 감자, 두부를 먹기 좋은 크기로 썬다.
2. 냄비에 물을 넣고 된장을 넣는다.
3. 물이 끓으면 호박, 감자, 양파를 넣는다.
4. 마지막에 두부를 넣는다.

02 짝에게 음식을 만드는 방법을 설명해 봅시다.

보기

유카: 링링아, 떡볶이 만드는 방법을 아니?

링링: 응, 아주 간단해.

유카: 재료와 만드는 방법 좀 가르쳐 줘.

링링: 떡, 어묵, 고추장과 몇 가지 채소만 있으면 돼. 먼저 떡을 씻고 채소를 썰어. 그리고 냄비에 물을 넣고 고추장과 설탕을 넣어.

유카: 그 다음엔?

링링: 물이 끓으면 떡과 어묵을 넣고 끓이다가 마지막에 채소를 넣고 좀 더 끓여.

씻다 EN to clean by washing JP 洗う CH 洗
마지막 EN last/final JP 最後 CH 最后
냄비 EN pot JP 鍋 CH 锅

과제 2 읽고 쓰기

01 다음을 읽고 질문에 답하십시오.

내가 제일 좋아하는 음식은 잡채이다. 잡채는 당면과 고기, 여러 가지 채소를 같이 볶아서 만든 음식이다. 예전에는 생일이나 결혼식과 같은 특별한 날에 먹었지만 요즘에는 보통 때도 집에서 자주 먹는다. 맵지 않아서 매운 음식을 잘 못 먹는 외국인들도 좋아한다.

잡채는 모든 재료를 따로 볶아야 하기 때문에 만들려면 시간이 걸린다. 재료로 당면과 고기, 채소가 필요하다.

잡채를 만들 때 먼저 고기는 간장, 참기름, 설탕으로 양념하고 채소는 길게 썬다. 그리고 당면을 끓는 물에 삶는다. 재료 준비가 끝나면 채소와 고기, 삶은 당면을 각각 기름에 볶는다. 다 볶은 후에는 큰 그릇에 채소와 고기, 볶은 당면을 모두 넣고 섞는다. 마지막에 간장과 참기름을 넣는다.

1) 잡채에 대한 설명으로 맞는 것을 고르십시오. (　　)

❶ 당면, 고기, 채소로 만든 음식이다. ❷ 만드는 시간이 많이 걸리지 않는다.
❸ 매워서 외국인들은 좋아하지 않는다. ❹ 요즘에도 특별한 날에 먹는 음식이다.

2) 잡채의 재료가 아닌 것은 무엇입니까? (　　)

❶ 당면 ❷ 된장 ❸ 채소 ❹ 고기

3) 잡채를 만드는 순서입니다. (　　) 안에 맞는 말을 쓰십시오.

❶ 고기를 양념하고 채소를 썰고 당면을 삶는다.
➡ ❷ (　　　　　　　　　　　　　　　　　　　　)
➡ ❸ 채소와 고기, 볶은 당면을 모두 섞는다.
➡ ❹ 간장과 참기름을 넣는다.

예전 EN former days JP ずっと前 CH 以前
당면 EN clear noodle JP はるさめ CH 粉条
양념하다 EN to season / to give flavor to JP 薬味で味付けする CH 放作料调味
각각 EN each JP それぞれ CH 各自
따로 EN separately JP 別に, 別々 CH 单独
참기름 EN sesame oil JP ごま油 CH 芝麻油
섞다 EN to mix JP 混ぜる CH 搅拌

02 좋아하는 음식을 소개하고 만드는 방법을 써 봅시다.

1) 좋아하는 음식에 대해서 생각해 봅시다.

음식 이름 ➡ 재료 ➡ 만드는 방법

2) 이야기를 써 봅시다.

내가 좋아하는 음식

03 읽어 봅시다.

거센소리 1	/ㄱ/ + /ㅎ/→ /ㅋ/ /ㅎ/ + /ㄱ/→ /ㅋ/
• **넣고** [너코]	큰 그릇에 재료를 모두 **넣고** 섞는다.
• **백화점** [배콰점]	친구와 같이 옷을 사러 **백화점**에 갔다.
• **시작해야** [시자캐야]	빨리 일을 끝내려면 지금 **시작해야** 한다.
• **익숙해졌다** [익쑤캐절따]	이제는 한국 생활에 많이 **익숙해졌다**.
• **그렇게** [그러케]	**그렇게** 빨리 먹으면 안 돼요.

과제 3 듣고 말하기

MP3 01

대화를 듣고 질문에 답하십시오.

1) 왜 김치찌개 만드는 방법을 배웁니까? (　　　)

❶ 요리가 취미여서
❷ 매운 음식을 좋아해서
❸ 주말에 친구를 초대해서
❹ 놀러 가서 끓여 먹으려고

2) 김치찌개를 만드는 순서를 쓰십시오.

①

②

③

④

익다 EN to ripen JP 火が通る CH 熟

MP3

02 대화를 듣고 질문에 답하십시오.

1) 무슨 음식을 먹겠습니까? (　　)

❶ 떡볶이　❷ 냉면　❸ 삼계탕　❹ 불고기

2) 들은 내용과 같으면 O, 다르면 X 하십시오.

❶ 이 식당은 메뉴가 하나밖에 없다. (　　)
❷ 이 음식은 쇠고기로 만든다. (　　)
❸ 이 음식은 소금에 찍어서 먹는다. (　　)

MP3

03 이야기를 듣고 질문에 답하십시오.

1) '오천 원 밥상'이란 무엇입니까? (　　)

❶ 반찬 하나 값이 오천 원인 요리
❷ 먹을 때마다 오천 원을 내는 요리
❸ 오천 원으로 사 먹을 수 있는 요리
❹ 오천 원으로 재료를 살 수 있는 요리

2) 들은 내용과 같은 것을 고르십시오. (　　)

❶ 요즘 음식 재료 값이 싸다.
❷ 감자볶음의 재료는 감자와 계란이다.
❸ 이번 주 요리는 겨울에 먹는 요리이다.
❹ 오늘의 요리는 감자로 만드는 요리이다.

닭고기 EN chicken meat JP トリ肉 CH 鸡肉　　찍다 EN to dip JP つける CH 蘸

04 여러분 나라의 음식을 친구들에게 소개해 봅시다.

음식 이름	음식 맛	재료	만드는 방법

문화

• 한국에서 특별한 날에 먹는 음식

한국에서는 설날, 추석, 생일 등과 같은 날에 특별한 음식을 먹습니다.

설날에는 흰 떡으로 만든 떡국을 먹고 건강하게 1년을 지내기를 바랍니다.

추석에는 온 가족이 모여 송편을 예쁘게 만들어서 먹습니다.

생일날 미역국을 먹는 풍습은 엄마가 아기를 낳고 미역국을 먹은 것에서부터 시작되었습니다.

MP3_8

제8과

친구 집에 잘 갔다가 왔어요?

- **학습 목표** 한국의 식사 예절을 이해하고 말할 수 있다.
- **어휘** 반가워하다, 예절, 윗사람, 수저, 들다
  상차림 관련 어휘
- **문법** -었다가, -으니까
- **과제** 자기 나라 식사 예절 말하기
  식사 중에 생긴 일 읽고 쓰기
  식사 예절에 대한 대화 듣고 말하기

1 한국 친구 집에 가 본 적이 있습니까?

2 한국에서는 식사할 때 어떻게 해야 할까요?

MP3

슈테판　마이클 씨, 어제 친구 집에 잘 갔다가 왔어요?

마이클　네, 친구 집에 가니까 친구 부모님께서 아주 반가워하셨어요.

슈테판　친구 집에서 뭘 했어요?

마이클　집도 구경하고 한국의 식사 예절도 배웠어요.

슈테판　식사할 때 어떻게 해야 돼요?

마이클　한국에서는 윗사람이 수저를 들 때까지 기다려야 해요.

반가워하다

EN to be happy to meet
JP 喜んでくれる
CH 高兴(第三人称)

예절

EN etiquette
JP 礼節、マナー
CH 礼节

윗사람

EN senior / person above you in rank or position
JP 上司、目上の人
CH 长辈

수저

EN spoon and chopsticks
JP スプーンと箸
CH 勺子和筷子

들다

EN to lift
JP 持つ
CH 拿

어휘

상을 차리다
EN to set the table
JP お膳(食事)を準備する
CH 摆餐桌

수저를 놓다
EN to put the spoon and chopsticks on the table
JP スプーンと箸をおく
CH 摆放勺子和筷子

상을 치우다
EN to clear the table
JP お膳(食事)片付ける
CH 收拾餐桌

밑줄 친 곳에 알맞은 단어를 쓰십시오.

보기 음식이 다 준비되면 어떻게 상을 차릴까요?을까요?/ㄹ까요?

식사할 사람 앞에 밥과 국을 놓는데 왼쪽에 1) ____________ 을/를 놓고 오른쪽에 2) ____________ 을/를 놓습니다.

그럼 어디에 3) ____________ 을까요?/ㄹ까요? 국그릇 옆에 4) ____________ 과/와 5) ____________ 을/를 놓습니다. 숟가락은 왼쪽에, 젓가락은 오른쪽에 놓습니다. 여러 가지 6) ____________ 은/는 상 가운데에 놓으면 됩니다.

식사가 끝나면 깨끗하게 7) ____________ 어야/아야/여야 합니다.

문법

1 -었다가/았다가/였다가

- 방학 때 고향에 갔다가 왔어요.
- 창문을 열었다가 추워서 닫았어요.
- 약속을 했다가 일이 생겨서 취소했어요.
- 컴퓨터가 잘 안 되면 껐다가 켜 보세요.

반 친구들과 게임을 해 봅시다.

게임 방법

1) 반 학생을 두 팀으로 나눈다.
2) 각 팀의 제일 앞에 있는 학생 한 명에게만 문장 카드를 보여 준다.
3) 카드를 본 학생은 옆 사람에게 작은 소리로 카드에 있는 문장을 말한다.
4) 마지막 학생이 들은 문장을 행동으로 표현한다.

보기

문을 열었다가 닫으세요.

2 -으니까/니까

- 닭갈비를 먹어 보니까 생각보다 매웠어요.
- 산에 올라가니까 공기도 좋고 시원했어요.
- 친구에게 전화하니까 친구 어머니께서 받으셨어요.
- 안내원에게 사무실 전화번호를 물으니까 친절하게 가르쳐 줬어요.

슈테판 씨의 하루입니다. 그림을 보고 이야기를 만들어 봅시다.

보기

어제는 밤늦게까지 공부를 했다. 아침에 **일어나니까** 8시 반이었다. 서둘러서 학교에 갔는데 9시 20분이었다. 그런데 교실에 **들어가니까** 아무도 없었다. 반 친구에게 전화해 봤지만 받지 않았다. 그때 아저씨 한 분이 나를 보고 "오늘은 어린이날이어서 수업이 없어요."라고 말씀하셨다. 집에 **돌아오니까** 하숙집 친구들이 나를 기다리고 있었다. 내가 학교에 갔다가 온 **이야기를 하니까** 친구들이 모두 웃었다.

오늘 친구들과 등산을 갔다. 산에 가니까 사람들이 많았다.

과제 1 말하기

01 **한국의 식사 예절과 여러분 나라의 식사 예절은 어떻게 다릅니까? 3~4명이 함께 식사 예절을 소개하고 발표해 봅시다.**

한국의 식사 예절	자기 나라의 식사 예절
• 숟가락과 젓가락을 양손 또는 한 손에 같이 들지 않는다.	• 일본에서는 젓가락으로 밥을 먹는다.
• 밥그릇과 국그릇을 들지 않는다.	• 일본과 중국에서는 밥그릇을 들고 먹는다.
• 밥과 국을 먹을 때 숟가락을 사용한다.	• 중국에서는 숟가락과 젓가락을 양손에 들어도 된다.
• 윗사람과 같이 식사할 때 윗사람이 먼저 수저를 든 후에 식사를 시작한다.	•
• 식사할 때 너무 큰 소리로 이야기하지 않는다.	•
• 입 안에 음식을 넣고 말하지 않는다.	•
• 음식을 남기지 않는다.	•
• 식사할 때 코를 풀지 않는다.	•

보기

한국과 중국, 그리고 일본에서는 식사할 때 모두 수저를 사용합니다. 그런데 한국에서는 밥을 먹을 때 숟가락을 사용하고 중국과 일본에서는 젓가락으로 먹습니다. 그리고 한국에서는 밥을 먹을 때 그릇을 들지 않지만 중국과 일본에서는 밥그릇을 들고 먹습니다.

양손 EN both hands JP 両手 CH 双手

코를 풀다 EN to blow the nose JP 鼻をかむ CH 擤鼻涕

과제 2 읽고 쓰기

01 **다음을 읽고 질문에 답하십시오.**

오늘 나는 영수 집에 갔다가 왔다. 영수는 한국 생활에 아직 익숙하지 않은 나에게 도움을 많이 주는 친구이다. 영수는 "한국 사람 집에 가 보면 한국 문화를 더 잘 알 수 있을 거야. 그러니까 오늘 우리 집에 가서 같이 저녁 먹자."라고 말했다.
그래서 수업이 끝나고 영수 집으로 갔다.

영수 집에 가니까 영수 어머니께서 저녁 상을 차려 주셨다. 나는 "잘 먹겠습니다." 라고 인사를 한 후 식사를 시작했다. 그런데 나는 젓가락을 잘 사용하지 못해서 반찬을 먹을 수 없었다.

영수 어머니께서 그런 나를 보시고 "왜 반찬을 안 드세요?"라고 말씀하셨다. 나는 좀 부끄러웠지만 "사실은 젓가락을 잘 사용할 수 없어요."
라고 말씀드렸다. 그러니까 영수 어머니께서는 친절하게 젓가락 잡는 방법을 가르쳐 주셨다. 처음에는 어려웠지만 몇 번 연습하니까 익숙해졌다. 그래서 맛있게 반찬을 잘 먹었다.

오늘은 한국 친구 집에 가서 맛있는 음식도 먹고 젓가락 사용하는 방법도 배우고 참 즐거운 하루였다.

1) 영수는 왜 이 사람을 집으로 초대했습니까? (　　　)

❶ 같이 숙제를 하려고　❷ 맛있는 반찬이 많아서
❸ 부모님께 소개하려고　❹ 한국 문화를 가르쳐 주고 싶어서

2) 위 글의 내용과 같은 것을 고르십시오. (　　　)

❶ 이 사람은 한국 생활에 아주 익숙하다.
❷ 영수가 이 사람에게 상을 차려 주었다.
❸ 이 사람은 식사할 때 반찬을 먹지 않는다.
❹ 영수 어머니한테서 젓가락 사용하는 방법을 배웠다.

3) 이 사람은 왜 처음에 반찬을 먹지 않았습니까? 쓰십시오.

부끄럽다 EN to be ashamed JP 恥ずかしい CH 害羞
잡다 EN to hold JP つかむ、握る CH 抓住
사실 EN fact JP 事実 CH 事实

02 다른 나라 사람과 식사할 때 음식 문화가 어떻게 달랐습니까? 그때 일을 써 봅시다.

1) 식사 중에 생긴 일을 생각해 봅시다.

어느 나라 사람과 식사했습니까? → 무슨 음식을 먹었습니까? → 음식 문화가 어떻게 달랐습니까?

2) 이야기를 써 봅시다.

식사 중에 생긴 일

03 읽어 봅시다.

거센 소리 2 /ㅂ/ + /ㅎ/ → /ㅍ/	
• **연습하니까** [연스파니까]	몇 번 **연습하니까** 익숙해졌다.
• **밥하고** [바파고]	**밥하고** 국을 먹을 때 숟가락을 사용한다.
• **법학** [버팍]	제 전공은 **법학**이에요.
• **수업합니다** [수어팜니다]	학교에서 하루에 4시간 **수업합니다**.
• **졸업했어요** [조러패써요]	작년에 고등학교를 **졸업했어요**.

과제 3 듣고 말하기

MP3

01 대화를 듣고 한국의 식사 예절에 맞는 그림을 고르십시오.

1) (　　)

❶  ❷  ❸  ❹ 

2) (　　)

❶  ❷  ❸  ❹ 

MP3

02 대화를 듣고 질문에 답하십시오.

1) 대화에 맞는 그림을 고르십시오. (　　)

❶  ❷  ❸  ❹ 

2) 들은 내용과 같은 것을 고르십시오. (　　)

❶ 마이클은 음식이 식은 후에 먹으려고 기다렸다.
❷ 마이클은 식사를 하고 싶었지만 수저가 없었다.
❸ 마이클은 한국 친구한테서 식사 예절을 배웠다.
❹ 마이클은 할아버지께서 식사를 시작하시면 먹으려고 했다.

내려놓다 EN to put down JP 下に置く CH 放下

식다 EN to get cold JP 冷める CH (菜)冷

MP3

03 대화를 듣고 질문에 답하십시오.

1) 들은 내용과 같은 것을 고르십시오. (　　)

❶ 다니엘은 내일 친구와 저녁을 먹을 것이다.

❷ 다니엘은 한국에서 윗사람과 술을 자주 마신다.

❸ 윗사람과 술을 마실 때 얼굴을 옆으로 돌려야 한다.

❹ 윗사람한테서 술을 받을 때는 한 손으로 받는 것이 좋다.

2) 다니엘 씨는 왜 걱정했습니까? 쓰십시오.

____

04 식사할 때 어떤 행동을 하면 보기가 좋지 않습니까? 이야기해 봅시다.

음식을 먹을 때
큰 소리를 낸다.

이야기할 때 입 안의 음식물이
밖으로 나온다.

회식 EN dining together JP 会食 CH 会餐
돌리다 EN to turn/to revolve JP まわる CH 转
술자리 EN drinking party JP お酒の席 CH 酒席

MP3_9

제9과

이 옷을 입으면 키가 커 보이겠다

- **학습 목표** 다른 사람에게 어울리는 옷을 권유할 수 있다.
- **어휘** 유행하다, 줄무늬, 어울리다, 꽃무늬, 낫다
  옷 종류 어휘
- **문법** -어 보이다, ㅅ 동사
- **과제** 상황에 어울리는 옷 권유하기
  옷을 살 때 중요하게 생각하는 것 읽고 쓰기
  쇼핑 관련 대화 듣고 말하기

1 한국에서 옷을 산 적이 있습니까?

2 옷을 살 때 무엇을 먼저 생각합니까?

MP3

유리	이 가게에는 예쁜 옷이 많구나.
영주	그래, 요즘 유행하는 디자인도 많고 값도 별로 비싸지 않다.
유리	이 줄무늬 원피스가 나한테 어울릴까?
영주	응, 입으면 키가 커 보이겠다. 그런데 꽃무늬 원피스도 잘 어울릴 것 같은데.
유리	이 둘 중에서 어느 게 더 나을까?
영주	줄무늬보다 꽃무늬 원피스가 더 예뻐.

유행하다
EN to be in fashion
JP 流行する
CH 流行

줄무늬
EN striped
JP ストライプ模様
CH 条纹

어울리다
EN to match
JP 似合う
CH 合适

꽃무늬
EN flower design
JP 花柄
CH 花纹

낫다
EN to be better
JP よい、ましだ
CH 好

어휘

양복	정장	원피스	블라우스	치마	티셔츠	와이셔츠	청바지
EN suit	EN formal wear	EN dress	EN blouse	EN skirt	EN T-shirt	EN white shirt	EN jeans
JP 洋服	JP 正装, スーツ	JP ワンピース	JP ブラウス	JP スカート	JP Tシャツ	JP ワイシャツ	JP ジーンズ
CH 西装	CH 正装	CH 连衣裙	CH 女士衬衫	CH 裙子	CH T恤	CH 衬衫	CH 牛仔裤

빈칸에 알맞은 단어를 쓰십시오.

문법

1 -어/아/여 보이다

- 오늘 영수 씨가 기분이 좋아 보여요.
- 물건이 많지 않아서 방이 넓어 보여요.
- 처음 선생님을 봤을 때 무서워 보였어요.
- 미선 씨가 까만색 옷을 입으니까 날씬해 보여요.

마리아 씨가 한국에서 생활할 때 찍은 사진입니다. 사진을 보고 이야기해 봅시다.

보기

1)

2)

3)

4)

5)

보기 마리아 씨가 행복해 보여요.

1) ______________________________.

2) ______________________________.

3) ______________________________.

4) ______________________________.

5) ______________________________.

2 ㅅ 동사

- 중요한 단어에는 밑줄을 그으십시오.
- 커피에 설탕을 넣고 잘 저어서 드세요.
- 슬픈 영화를 보고 울어서 눈이 부었어요.
- 요즘은 여기저기에 아파트를 많이 지어요.

다음은 '고민을 말해 봐' 홈페이지에 글을 올린 사람들의 이야기입니다. 알맞은 단어를 골라 대답을 써 봅시다.

낫다 붓다 짓다 젓다 긋다

	번호	내용	날짜	이름
보기	20	영어 발음이 너무 나빠서 걱정이에요.	7/1	정민호
		Re: 발음이 **나아지려면** 매일 CD를 듣고 따라하세요.		
1)	21	책을 읽을 때 모르는 단어가 많아서 이해하기가 어려워요.	7/1	최유정
		Re: 모르는 단어에 밑줄을 ________ 은/ㄴ 후에 단어를 찾아 보세요.		
2)	22	죽을 몇 번 끓여 봤는데 잘 끓이기가 어려워요. 어떻게 해야 해요?	7/2	김지은
		Re: 죽을 끓일 때는 숟가락으로 잘 ________ 어야/아야/여야 해요.		
3)	23	어제부터 목이 아팠는데 자고 일어나니까 목이 많이 부었어요.	7/2	이영수
		Re:		
4)	24	요즘 일이 많아서 날마다 늦게 자요. 그래서 쉬지 못하니까 감기가 낫지 않아요.	7/3	박영주
		Re:		
5)	25	딸이 태어났는데 이름을 무엇으로 지으면 좋을까요?	7/3	김철수
		Re:		

긋다 EN to underline JP (線を)引く CH 划
낫다 EN to be better/to recover/to get well JP よい、ましだ、治る CH 好、痊愈
붓다 EN to be swollen JP 腫れる CH 肿
젓다 EN to stir JP かき混ぜる CH 搅
짓다 EN to make / to build / to write / to cook JP 建てる CH 造、起名字、建造

과제 1 말하기

01 상황에 맞게 어울리는 옷을 권유해 봅시다.

미선 씨는 내일부터 방학입니다.
그래서 친구들과 여행을 하려고 하는데 무슨 옷을 입을까 고민입니다.

마리아 씨는 주말에 친구의 결혼식에 가려고 하는데 무슨 옷을 입을까 고민입니다.

웨이 씨는 회사에서 면접이 있습니다.
면접을 보러 갈 때 무슨 옷을 입을까 고민입니다.

다니엘 씨는 내일 소개팅이 있습니다.
무슨 옷을 입으면 좋을까 고민입니다.

보기

유정: 미선아, 이번 방학 때 뭐 할 거야?
미선: 친구들과 바닷가에 가려고 해. 그런데 무슨 옷을 입고 가면 좋을까?
유정: 바닷가에 가니까 편한 옷이 좋을 것 같은데 원피스는 어때?
미선: 청바지를 입으려고 했는데 원피스를 입는 게 더 나을까?
유정: 응, 원피스가 시원해 보여서 좋을 것 같아.
미선: 그래. 그걸 입는 게 좋겠다.

권유하다 EN to canvass / to persuade JP 勧める CH 劝说
면접 EN interview JP 面接 CH 面试
고민 EN agony JP 悩み CH 苦闷
소개팅 EN blind date JP ソゲティン(男女二人だけの合コン) CH 相亲会

과제 2 읽고 쓰기

01 다음을 읽고 질문에 답하십시오.

여러분은 옷을 살 때 무엇을 중요하게 생각합니까?

어떤 사람은 가격이나 브랜드보다 옷의 디자인을 제일 중요하게 생각합니다. 또 어떤 사람은 유행하는 옷만 사는 사람도 있습니다.

그렇지만 저는 옷을 살 때 '이 옷이 나에게 어울리는 옷일까?'하고 제일 먼저 생각합니다. 그래서 옷가게에서 옷을 꼭 입어보고 저에게 잘 어울리고 키도 더 커 보이는 옷을 골라서 삽니다. 가끔은 저에게 잘 어울리면 비싼 옷을 살 때도 있습니다.

저도 예전에는 유행하는 옷이나 비싼 브랜드의 옷을 많이 샀습니다. 그렇지만 유행하는 옷은 오래 입지도 못하고 저에게 어울리지 않을 때도 있었습니다. 또 다른 사람도 많이 입는 옷이기 때문에 저만의 개성을 보여줄 수도 없었습니다.

옷을 살 때 자기에게 잘 어울리는 옷을 고르는 일은 정말 중요합니다. 여러분도 자기에게 어울리고 개성을 보여줄 수 있는 옷을 사 보세요.

1) 이 사람에 대한 내용으로 맞지 않는 것을 고르십시오. (   )

❶ 옷가게에 가서 옷을 꼭 입어보고 산다.
❷ 자기에게 어울리는 옷이면 비싼 옷도 산다.
❸ 유행하는 옷은 이 사람에게 항상 어울렸다.
❹ 요즘은 옷을 고를 때 유행을 중요하게 생각하지 않는다.

2) 이야기와 같으면 O, 다르면 X 하십시오.

❶ 이 사람은 비싼 브랜드의 옷을 한 번도 산 적이 없다. (   )
❷ 자기의 개성을 보여 줄 수 있는 옷을 골라 입는 것이 좋다. (   )

3) 이 사람은 옷을 살 때 무엇을 제일 먼저 생각합니까? 쓰십시오.

____

브랜드 EN brand name JP ブランド CH 品牌

개성 EN character/individuality JP 個性 CH 个性

02

옷을 살 때 중요하게 생각하는 것에 대해서 써 봅시다.

1) 옷을 살 때 무엇을 중요하게 생각합니까?

사람들이 중요하게 생각하는 것

↓

내가 중요하게 생각하는 것

↓

그것을 중요하게 생각하는 이유

2) 이야기를 써 봅시다.

옷을 살 때 중요하게 생각하는 것

03 읽어 봅시다.

거센소리3 /ㄷ/+/ㅎ/→/ㅌ/ /ㅎ/+/ㄷ/→/ㅌ/	
• **못합니다** [모탐니다]	유행하는 옷은 오래 입지 **못합니다**.
• **깨끗해졌습니다** [깨끄태젇씀니다]	청소를 해서 방이 **깨끗해졌습니다**.
• **따뜻한** [따뜨탄]	**따뜻한** 장갑을 선물로 받았어요.
• **않다** [안타]	이번 주는 공부할 시간이 많지 **않다**.
• **싫다** [실타]	우리 하숙집은 가깝지만 시끄러워서 **싫다**.

문화

• 다양한 쇼핑 장소

한국 사람들은 쇼핑을 할 때 백화점이나 대형 할인매장, 재래시장, 유명한 패션 거리 등에 자주 갑니다.

백화점은 물건 값이 비싸지만 질도 좋고 다양한 물건이 있어서 외국인 관광객들도 많이 찾아갑니다. 대형 할인매장은 많은 양의 생활용품을 싸게 살 수 있는 곳입니다. 재래시장은 남대문 시장과 같은 곳입니다. 재래시장에 가면 물건 값도 깎을 수 있고 재미있는 구경거리도 많습니다. 유명한 패션 거리로는 홍대 앞과 이대 앞, 압구정동과 같은 곳이 있습니다.

과제 3 듣고 말하기

MP3

01 대화를 듣고 질문에 답하십시오.

1) 들은 내용과 같은 것을 고르십시오. (　　)

❶ 지은이는 파란색 옷을 좋아하지 않는다.
❷ 친구는 이 가게에서 옷을 사고 싶어한다.
❸ 이 가게에는 다양한 색깔의 옷이 별로 없다.
❹ 친구가 지은이에게 이 옷가게를 소개해 줬다.

2) 들은 내용과 같으면 O, 다르면 X 하십시오.

❶ 지은이는 이 가게에 온 적이 있다. (　　)
❷ 친구는 지은이가 까만색 옷이 많은 것을 알고 다른 색 옷을 골라 줬다. (　　)

MP3

02 대화를 듣고 질문에 답하십시오.

1) 여자는 어떤 옷을 사겠습니까? (　　)

❶ 파란색 줄무늬 티셔츠
❷ 파란색 체크무늬 티셔츠
❸ 하얀색 줄무늬 티셔츠
❹ 하얀색 체크무늬 티셔츠

2) 여자는 왜 그 옷을 사려고 합니까? 쓰십시오.

____

체크무늬 EN checkered design JP チェック模様 CH 格子花纹
날씬하다 EN to be thin/to be skinny JP ほっそり、すらりとしている CH 苗条

MP3

03 대화를 듣고 질문에 답하십시오.

1) 들은 내용과 같은 것을 고르십시오. (　　　)

❶ 영수는 청바지를 한 벌 사려고 한다.
❷ 영수는 면접 때 입을 어울리는 옷이 있다.
❸ 영수는 친구에게 어울리는 옷을 골라줬다.
❹ 영수는 학교 행사 때 정장을 입으려고 한다.

2) 들은 내용과 같으면 O, 다르면 X 하십시오.

❶ 영수는 보통 양복보다 청바지를 많이 입는다. (　　　)
❷ 영수는 양복에 어울리는 와이셔츠를 사러 백화점에 갈 것이다. (　　　)

04 쇼핑할 때 친구에게 어울리는 옷을 골라 준 적이 있습니까? 이야기해 봅시다.

언제/어디에서 골라 줬습니까?	어떤 옷을 골라 줬습니까?	왜 그 옷을 골라 줬습니까?

갑자기 EN suddenly JP 突然、急に CH 突然
회색 EN gray color JP 灰色 CH 灰色

MP3_10

제 10 과

기념품이 친구들 마음에 들지 모르겠어요

- 학습 목표　선물을 고르는 사람에게 알맞은 선물을 추천할 수 있다.
- 어휘　건강식품, 추천하다, 전통
  선물 관련 어휘
- 문법　-어 가지고, -을지 모르겠다
- 과제　상대방에게 알맞은 선물 추천하기
  선물 광고 읽고 광고 만들기
  선물을 추천하는 대화 듣고 말하기

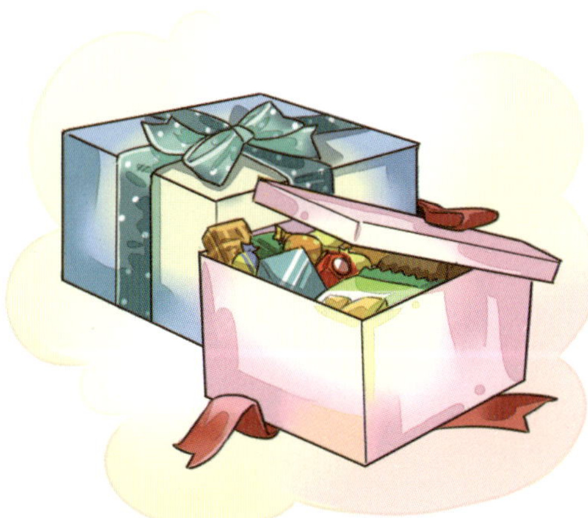

1 가족이나 친구들에게 줄 선물을 샀습니까?

2 보통 무슨 선물을 많이 합니까?

MP3

건강식품
EN health food product
JP 健康食品
CH 保健食品

추천하다
EN to recommend
JP 推薦する
CH 推荐

전통
EN tradition
JP 伝統
CH 传统

마이클　고향에 돌아갈 때 무슨 선물을 사 가지고 갈 거예요?

유리　어머니 선물로 건강식품을 사 가지고 가려고 해요. 마이클 씨는요?

마이클　저는 친구들에게 줄 기념품을 사려고 하는데 좋은 것이 있으면 추천해 주세요.

유리　그럼 전통 인형은 어때요?

마이클　괜찮을 것 같은데요. 그런데 친구들 마음에 들지 모르겠어요.

유리　좋아할 거예요. 제 친구들도 모두 좋아했어요.

어휘

선물을 고르다
EN to select a gift
JP プレゼントを選ぶ
CH 选礼物

선물을 포장하다
EN to wrap a gift
JP プレゼントを包む
CH 包装礼物

선물을 주다/선물을 하다
EN to give a gift
JP プレゼントをあげる/プレゼントをする
CH 送礼物

선물을 받다
EN to receive a gift
JP プレゼントをもらう、受け取る
CH 收礼物

밑줄 친 곳에 알맞은 말을 쓰십시오.

보기 한국 사람들은 명절에 윗사람이나 고마운 분들께 선물을 한다 는다/ㄴ다.

그래서 명절 때 백화점에 가면 여기저기에서 1)________________ 는/은/ㄴ 사람들을 많이 볼 수 있다.

백화점 한 쪽에는 예쁘게 2)________________ 어/아/여 주는 곳도 있다.

3)________________ 는/은/ㄴ 사람들은 받는 사람에게 감사의 마음을 전하고

4)________________ 는/은/ㄴ 사람은 그 마음을 감사히 받는다.

문법

1 -어/아/여 가지고

- 꽃을 사 가지고 친구 집에 갔어요.
- 김밥을 만들어 가지고 소풍을 갔어요
- 돈을 모아 가지고 컴퓨터를 살 거예요.
- 한국말을 배워 가지고 한국 회사에서 일하고 싶어요.

고향에 일찍 돌아가는 친구를 위해서 송별회를 하려고 합니다. 무엇을 준비해 가지고 오겠습니까?

보기 케이크

1) 카드

2) 직접 만든 김밥

3) 카메라

4) 꽃다발

5) 커피와 음료수

6) 직접 찍은 서울의 모습

7) 직접 구운 과자

보기

유카: 마크 씨, 내일 송별회 때 무엇을 가지고 올 거예요?

마크: 저는 케이크를 **사 가지고** 올 거예요.

2 -을지/ㄹ지 모르겠다

- 친구가 이 선물을 좋아할지 모르겠어요.
- 미선 씨가 내일 모임에 참석할지 모르겠어요.
- 휴가철이어서 비행기 표가 있을지 모르겠어요.
- 비가 많이 와서 버스가 제시간에 도착할지 모르겠어요.

다니엘 씨는 크리스마스 때 여자 친구에게 특별한 이벤트를 해 주려고 합니다. 반 친구들의 이야기를 듣고 대답해 봅시다.

보기	학교 앞에 있는 태국 식당에 가 봐.
1)	남산에 가서 케이블카를 타 봐.
2)	여자 친구에게 사랑 노래를 불러 줘.
3)	장미꽃 100송이를 선물하는 건 어때?
4)	25일에 하는 콘서트가 있는데 같이 가 봐.
5)	크리스마스니까 빨간색 목도리를 선물해.

보기

왕 밍: 학교 앞에 있는 태국 식당에 가 봐.

다니엘: 글쎄. 가 본 적이 없는데 그 식당 음식이 **맛있을지 모르겠어.**

과제 1 말하기

01 다음 사람들에게 어울리는 선물을 추천해 봅시다.

 지나 (28세, 은행원)	다음 주에 남자 친구 부모님께 처음 인사를 드린다.
 다나카 (23세, 학생)	고등학교를 졸업하고 오랜만에 선생님을 뵈러 학교에 간다.
 크리스 (22세, 학생)	여자 친구 생일이 한 달 후이다. 여자 친구를 만나고 처음으로 같이 보내는 생일이다.
 에이미 (35세, 회사원)	친한 회사 친구가 다음 달에 결혼을 한다.
 모니카 (25세, 학생)	내일 같이 공부한 반 친구가 먼저 고향에 돌아간다.

보기

친구: 지나야, 무슨 생각을 그렇게 하고 있니?
지나: 사실은 다음 주에 남자 친구 부모님께 처음 인사를 드리러 가.
친구: 그래? 긴장되겠구나.
지나: 그런데 무슨 선물을 가지고 가야 할지 잘 모르겠어. 뭘 사 가지고 가면 좋아하실까?
친구: 음, 그럼 과일이나 맛있는 케이크를 사 가지고 가는 게 어때?
값도 별로 비싸지 않고 가족들과 다 같이 먹을 수도 있잖아.
지나: 그럼 그렇게 할까? 알려 줘서 고마워.

긴장되다 EN to be nervous JP 緊張する CH 紧张 **알리다** EN to inform JP 知らせる CH 告知

과제 2 읽고 쓰기

01 다음을 읽고 질문에 답하십시오.

사랑하는 여자친구, 남자친구와의 100일 기념일!
뭔가 특별한 선물을 하고 싶지 않으세요?
그러면 두 사람 이름을 넣은 머그컵은 어떻습니까?
특별한 컵에 차 한 잔을 마실 때마다 선물한 사람의 마음을 느낄 수 있습니다. 여섯 가지의 예쁜 디자인 중에서 마음에 드는 디자인을 고를 수 있습니다. 지금 바로 소중한 사람들에게 마음을 선물해 보세요!

2월 14일 밸런타인데이!
가족과 친구에게 줄 선물 때문에 아직도 고민 중이신가요?
특별한 날, 누구나 특별한 선물을 하고 싶을 겁니다.
그렇지만 선물에는 주는 사람의 마음이 들어 있어야 합니다.
받는 사람도 비싼 선물을 원하는 것은 아닙니다.
이번 밸런타인데이 때는 '미미 초콜릿 카페'에 오셔서 직접 초콜릿을 만들어 보세요. 선물하는 즐거운 마음이 더 커질 겁니다.

1) 위 글의 종류는 무엇입니까? (　　　)

❶ 일기　　❷ 광고　　❸ 편지　　❹ 소설

2) 위 글의 내용과 같은 것을 고르십시오. (　　　)

❶ 머그컵은 디자인이 하나밖에 없다.
❷ 100일 기념일에는 머그컵을 선물해야 한다.
❸ 밸런타인데이 때 가족과 친구에게 선물을 한다.
❹ 밸런타인데이 때 선물을 받는 사람은 비싼 선물을 원한다.

3) 직접 만든 초콜릿을 선물하면 무엇이 좋습니까? 쓰십시오.

____

기념일 EN anniversary JP 記念日 CH 纪念日
느끼다 EN to feel JP 感じる CH 感觉
머그컵 EN mug JP マグカップ CH 马克杯
원하다 EN to want JP 願う、望む CH 愿、希望

02 특별한 날, 특별한 선물을 소개하는 광고를 만들어 봅시다.

1) 특별한 선물을 소개하는 광고를 생각해 봅시다.

특별한 날	받는 사람	추천하고 싶은 선물	이 선물의 좋은 점

2) 광고를 만들어 봅시다.

특별한 날, 이런 선물을 해 보세요!

02 읽어 봅시다.

거센소리 4 /ㅎ/ + /ㅈ/ → /ㅊ/ /ㅈ/ + /ㅎ/ → /ㅊ/	
• **그렇지만** [그러치만]	**그렇지만** 선물에는 주는 사람의 마음이 들어 있어야 한다.
• **많지** [만치]	파티에 온 사람들이 생각보다 **많지** 않다.
• **좋지요** [조치요]	미선 씨, 오늘 날씨가 참 **좋지요**?
• **앉히다** [안치다]	어머니가 아이를 의자에 **앉혔다**.
• **잊혀지지** [이처지지]	그 일이 자꾸 생각나고 **잊혀지지** 않는다.

과제 3 듣고 말하기

MP3

01

대화를 듣고 질문에 답하십시오.

1) '깜짝 파티'란 무엇입니까? (　　)

❶ 선물을 많이 준비하는 파티　❷ 주인공 모르게 준비하는 파티
❸ 큰 소리로 말하는 시끄러운 파티　❹ 친구들이 모두 다 준비하는 파티

2) 유카 씨와 친구는 무엇을 준비하겠습니까? 쓰십시오.

	유카	친구
준비하는 것		
선물		

MP3

02

대화를 듣고 질문에 답하십시오

1) 백화점에 왜 사람이 많습니까? (　　)

❶ 백화점에서 특별 세일을 하기 때문에　❷ 사람들이 좋아하는 차를 팔기 때문에
❸ 추석 선물을 사는 사람이 많기 때문에　❹ 추석 때 필요한 물건이 많이 있기 때문에

2) 들은 내용과 같으면 O, 다르면 X 하십시오.

❶ 추석 때 한국 사람은 비싼 선물을 많이 한다. (　　)
❷ 치에 씨는 백화점에서 한국 차를 샀다. (　　)
❸ 치에 씨는 하숙집 아주머니께 추석 선물을 드리려고 한다. (　　)

MP3

03

대화를 듣고 질문에 답하십시오

1) 무엇에 대한 대화입니까? (　　)

❶ 값이 싼 선물　❷ 받고 싶은 선물　❸ 기억에 남는 선물　❹ 받고 싶지 않은 선물

2) 유경 씨가 영수 씨에게 추천하지 않는 선물과 그 이유는 무엇입니까? 쓰십시오.

____

04

여러분이 가장 좋아하는 선물은 무엇입니까? 그 선물을 왜 좋아하는지 이야기해 봅시다.

초콜릿　책　향수　직접 쓴 편지

주인공 EN main character JP 主人公 CH 主人公
생활용품 EN household products JP 生活用品 CH 生活用品
귀찮다 EN to be bothersome JP 面倒だ、厄介だ CH 厌烦

MP3_11

제 11 과

주말에 그냥 집에서 쉴까 해요

- **학습 목표** 다양한 주말 계획을 세울 수 있다.
- **어휘** 그냥, 그러다, 정상, 기분 전환
  계획 관련 어휘
- **문법** -을까 하다, -지 말고
- **과제** 주말 계획 세우기
  주말에 한 일 읽고 쓰기
  다양한 주말 계획에 대한 대화 듣고 말하기

1 주말에 보통 무엇을 합니까?

2 무엇을 하면 주말을 재미있게 보낼 수 있습니까?

MP3

마이클 슈테판 씨, 주말에 뭐 하실 거예요?

슈테판 요즘 일이 많아서 늦게 퇴근할 때가 많았어요. 그래서 그냥 집에서 쉴까 해요.

마이클 그러지 말고 같이 등산을 갑시다. 산 정상에 올라가면 기분 전환이 될 거예요.

슈테판 주말에 못 쉬면 더 피곤하지 않을까요?

마이클 아니에요. 전 등산을 시작하고 건강이 더 좋아졌어요.

슈테판 그래요? 그럼 저도 같이 가 볼까요?

그냥
EN just
JP ずっと／ただ
CH 只是

그러다
EN to do so
JP そうする
CH 那样做

정상
EN top / summit
JP 頂上
CH 顶峰

기분 전환
EN refreshing oneself
JP 気分転換
CH 转换心情(散心)

어휘

계획이 있다
EN to have a plan
JP 計画がある
CH 有计划

계획이 없다
EN to have no plans
JP 計画がない
CH 没计划

계획을 세우다
EN to make plans
JP 計画を立てる
CH 制定计划

계획을 바꾸다
EN to change plans
JP 計画を変える
CH 改变计划

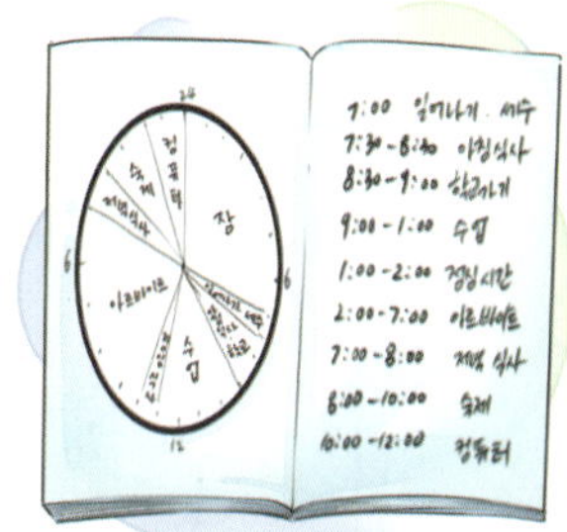

계획표를 만들다
EN to make a schedule of plans
JP 計画表を作る
CH 做计划表

밑줄 친 곳에 알맞은 말을 쓰십시오.

보기 주말에 특별한 계획이 없으면 으면/면 저하고 전시회에 가시겠어요?

1) 크리스마스에 ____________ 었지만/았지만/였지만 아파서 아무것도 할 수 없었어요.

2) 여름휴가 때 여행을 가려고 친구들과 ____________ 었어요/았어요/였어요.

3) 이번 주말에 반 친구들과 영화를 보려고 했는데 갑자기 고향 친구가 와서 ____________ 었어요/았어요/였어요.

4) 방학이 되면 우선 생활 ____________ 어서/아서/여서 벽에다가 붙여요.

문법

1 -을까/ㄹ까 하다

- 점심 때 비빔밥을 먹을까 해요.
- 회사가 멀어서 이사를 할까 해요.
- 요즘 새로 나온 휴대전화로 바꿀까 해.
- 운동을 해 볼까 하는데 무슨 운동을 하면 좋을까?

유카 씨의 12월 달력을 보고 이야기해 봅시다.

질문	대답
• 이번 주말에 뭘 할 거야?	도서관에서 공부할까 해.
• 오늘 오후에 뭘 할 거야?	______________________.
• 링링 생일 선물로 뭘 줄 거야?	______________________.
• ______________________?	______________________.
• ______________________?	______________________.
• ______________________?	______________________.

보기

왕밍: 이번 주말에 뭘 할 거야?

유카: 도서관에서 **공부할까 해.**

2 -지 말고

- 버스를 타지 말고 택시를 탑시다.
- 밤늦게까지 놀지 말고 일찍 집에 들어와.
- 말을 많이 하지 말고 따뜻한 물을 자주 드세요.
- 다리가 부었으면 구두를 신지 말고 운동화를 신으세요.

다니엘 씨가 건강 센터에 가서 의사 선생님을 만났습니다. 아래 표를 보고 의사가 되어 다니엘 씨에게 이야기해 봅시다.

생활 습관 표		
이름: 다니엘 비버	생년월일: 1994. 3. 2	성별: (남) 여

☐ 1. 채소보다 고기를 더 많이 먹는다. ☑ 2. 음식을 짜게 먹는다. ☑ 3. 저녁을 늦게 먹는다. ☑ 4. 커피를 하루에 다섯 잔 이상 마신다.	☑ 5. 술을 일주일에 삼 일 이상 마신다. ☐ 6. 담배를 피운다. ☐ 7. 운동을 하지 않는다. ☑ 8. 늦게 잔다.

보기 고기를 많이 드시지 말고 채소를 많이 드세요.

1) ______________________________.

2) ______________________________.

3) ______________________________.

4) ______________________________.

5) ______________________________.

과제 1 말하기

01 다음과 같은 주말에 무엇을 하고 싶습니까? 주말 계획을 세워 봅시다.

시험이 끝난 토요일

약속이 없는 토요일

비가 오는 토요일

날씨가 좋은 일요일

첫눈이 오는 일요일

주말 계획		
여행	공연 관람	운동 경기 관람
영화 감상	운동	쇼핑

보기

저는 금요일에 시험이 끝나면 주말에 친구들과 여행을 갈까 해요.
일요일에 서울에 돌아와야 하니까 가까운 곳으로 여행을 가려고 해요.
여행을 가서 친구들과 이야기도 많이 하고 그동안 쌓인 스트레스도 풀고 싶어요.
오랜만에 가는 여행이니까 여기저기 구경도 하고 맛있는 음식도 해 먹었으면 좋겠어요.

감상 EN appreciation JP 鑑賞 CH 鉴赏
쌓이다 EN to be piled up JP 溜まる CH 堆积
스트레스를 풀다 EN to release stress JP ストレスを発散する CH 解除精神压力

01 다음을 읽고 질문에 답하십시오.

2012년 9월 15일 토요일 맑음

오늘 오후에 친구들하고 한국 팀과 브라질 팀의 축구 경기를 보러 경기장에 갔다. 우리는 경기가 시작되기 1시간 전에 도착했지만 경기장 안에는 사람들이 많아서 빈자리를 찾기가 어려웠다. 그리고 사람들은 거의 다 빨간색 티셔츠를 입고 있었다.

사람들은 경기가 시작되기 전부터 큰 소리로 한국 팀을 응원했다. 나도 친구들과 함께 큰 소리로 응원했다. 한국 선수가 골을 넣었을 때는 모두 다 같이 그 선수 이름을 큰 소리로 불렀다. 1시간 반 동안 한국 선수들은 정말 열심히 뛰었지만 브라질 팀에게 3:1로 졌다. 그렇지만 사람들은 실망하지 않고 선수들에게 큰 박수를 쳐 줬다.

경기가 끝난 후 나는 친구들과 밥을 먹으러 갔다. 식사하는 동안 오늘 본 축구 경기 이야기를 많이 했다.

한국에 와서 축구 경기를 꼭 한번 관람하고 싶었는데 오늘 좋은 경기를 봐서 기쁘다. 다음에 기회가 있으면 또 보고 싶다.

1) 이 사람은 주말에 무엇을 했습니까? (　　)

❶ 여행　❷ 축구 경기　❸ 전시회 관람　❹ 축구 경기 관람

2) 위 글의 내용과 같은 것을 고르십시오. (　　)

❶ 이 사람은 한국 팀을 열심히 응원했다.
❷ 이 사람은 오늘 경기장에서 축구를 했다.
❸ 이 사람은 경기가 시작된 후 응원하기 시작했다.
❹ 이 사람은 한국 팀이 경기에 져서 기분이 나빴다.

3) 이 사람은 축구 경기가 끝난 후 무엇을 했습니까? 쓰십시오.

____

거의 EN almost / nearly JP ほとんど CH 几乎
지다 EN to lose JP 負ける CH 输
박수를 치다 EN to clap one's hands JP 拍手をする CH 鼓掌
응원하다 EN to cheer (a team) JP 応援する CH 助阵、加油
실망하다 EN to be disappointed JP がっかりする、失望する CH 失望
기회 EN opportunity JP 機会 CH 机会

02 주말에 한 일을 일기로 써 봅시다.

1) 주말에 한 일에 대해서 생각해 봅시다.

무엇을 했어요?	누구와 했어요?	하루가 어땠어요?

2) 일기를 써 봅시다.

_____년 ____월 ____일 _____요일 날씨 ________

03 읽어 봅시다.

된소리 1	/ ㄲ, ㄸ, ㅃ, ㅆ, ㅉ /
• **빨간색**	사람들은 거의 다 **빨간색** 티셔츠를 입고 있었다.
• **꼭**	한국에 와서 축구 경기를 **꼭** 한번 관람하고 싶었다.
• **뛰었지만**	정말 열심히 **뛰었지만** 브라질 팀에게 졌다.
• **싸서**	그 가게는 물건 값이 **싸서** 항상 손님이 많아요.
• **짜게**	음식을 **짜게** 드시면 건강에 좋지 않습니다.

문화

• 한국 사람들의 주말 활동

사람마다 주말을 보내는 방법이 다양합니다. 요즘에는 가족이나 친구와 같이 주말을 즐겁게 보내려고 하는 사람들이 많습니다. 여행, 등산, 자전거 타기 등을 해서 기분 전환도 하고 즐거운 시간을 보냅니다.

새로운 레포츠를 즐기려는 사람들도 많은데 서핑이나 래프팅, 패러글라이딩은 인기 레포츠로 사랑을 받고 있습니다. 특히 이런 레포츠는 여름에 많이 합니다. 또한 주말에 취미 활동으로 새로운 것을 배우거나 영화나 전시회 등을 관람하기도 합니다.

과제 3 듣고 말하기

MP3

01 이 사람은 이번 주말에 무엇을 할까요? 이야기를 듣고 그림에 맞는 번호를 쓰십시오.

1) (   )

2) (   )

3) (   )

MP3

02 대화를 듣고 질문에 답하십시오.

1) 들은 내용과 같은 것을 고르십시오. (   )

❶ 여자는 주말마다 여행을 간다.
❷ 여자는 보통 주말에도 일을 한다.
❸ 여자는 가까운 곳으로 여행을 자주 간다.
❹ 여자는 이번 주말에 먼 곳으로 여행을 가려고 한다.

2) 남자는 이번 주말에 무엇을 하려고 합니까? (   )

❶ 독서
❷ 여행
❸ 운동
❹ 회사 일

맛집 EN good restaurant JP 美味しいお店 CH 美食店
화가 EN painter JP 画家 CH 画家
조선 시대 EN Chosun Dynasty JP 朝鮮時代 CH 朝鲜时代

MP3

03

대화를 듣고 질문에 답하십시오.

1) 들은 내용과 같은 것을 고르십시오. (　　)

❶ 유카 씨는 이번 주에 시험이 끝났다.
❷ 박물관에서 하는 전시회는 이번 주말에 끝난다.
❸ 두 사람은 그림을 보러 함께 박물관에 갈 계획이다.
❹ 박물관에서 외국의 유명한 화가 그림들을 전시하고 있다.

2) 유카 씨는 일요일에 무엇을 하겠습니까? 쓰십시오.

____

04

이번 주말에 무엇을 하려고 합니까? 이야기해 봅시다.

친구 만나기	텔레비전 보기	청소

MP3_12

제 12 과

친구와 같이 음악회에 가기로 했어

- **학습 목표** 친구와 주말에 같이 할 일을 약속할 수 있다.
- **어휘** 물론이다, 예매하다, 벌써부터, 기대가 되다
  약속 관련 어휘
- **문법** -기로 하다, -는데요?
- **과제** 주말에 친구와 만날 약속하기
  약속을 지키지 못한 경험 읽고 쓰기
  약속 관련 대화 듣고 말하기

1 이번 주말에 무슨 약속이 있어요?

2 여러분은 약속을 잘 지켜요?

MP3

지은	유리야, 음악회에 가 본 적이 있니?
유리	아니, 아직 못 가 봤어.
지은	나도 못 가 봤는데 이번에 친구와 같이 가기로 했어.
유리	언제 갈 건데? 나도 같이 가도 돼?
지은	물론이지. 다음 주 토요일에 하는데 같이 가자. 내가 표를 예매할게.
유리	그럼 내가 저녁을 살게. 벌써부터 기대가 된다.

물론이다
EN to be of course
JP もちろんだ
CH 当然

예매하다
EN to reserve a ticket
JP 予約して買う、前売りを買う
CH 预购

벌써부터
EN already
JP 今から
CH 早已

기대가 되다
EN to have expectation
JP 期待する、楽しみにする
CH 期待

어휘

약속 장소를 변경하다
EN to change the meeting place
JP 約束の場所を変更する
CH 变更约会场所

약속 시간을 미루다
EN to postpone the time for an appointment
JP 約束時間を後にする、遅くする
CH 推迟约会时间

약속을 취소하다
EN to cancel an appointment
JP 約束を取り消す
CH 取消约会

선약이 있다
EN to have a prior appointment
JP 先約がある
CH 有约

약속을 어기다
EN to break a an appointment
JP 約束を破る
CH 爽约

밑줄 친 곳에 알맞은 말을 쓰십시오.

보기 명동에서 종로로 약속 장소를 변경하고 싶어서 친구에게 전화했습니다.

1) 토요일 오후에 ______________ 는/은/ㄴ 것을 잊어버리고 다른 약속을 했어요.

2) 약속을 했다가 급한 일이 생겨서 ______________ 었어요/았어요/였어요.

3) 친구가 약속을 지키지 않고 자주 ______________ 어서/아서/여서 화가 나요.

4) 친구와 오후 3시에 약속이 있었지만 일이 늦게 끝나서 5시로 ______________ 었어요/았어요/였어요.

문법

1 -기로 하다

- 우리는 내년에 결혼하기로 했어요.
- 나는 오늘부터 운동을 시작하기로 했다.
- 늦게 오는 사람이 음료수를 사기로 하자.
- 방학 때 가족들과 제주도에 가기로 했어요.

우리 반에서 노래대회를 하려고 합니다. 3-4명씩 짝을 지어 이야기한 후에 발표해 봅시다.

보기 우리는 노래대회에서 쉬운 노래를 부르기로 했어요.

1) 노래 제목: 노래는 ______________________________.

2) 연습 장소: ______________________________.

3) 연습 시간: ______________________________.

4) 입을 옷: ______________________________.

5) 준비물: ______________________________.

2 -는데요?, -은데요/ㄴ데요?

- 가: 방학 때 여행을 가려고 해요.
  나: 어디로 가는데요?
- 가: 이 제품은 옛날 제품과 많이 다릅니다.
  나: 뭐가 다른데요?
- 가: 내 생일은 10월이야.
  나: 10월 며칠인데?
- 가: 어제 먹은 음식이 참 맛있었어요.
  나: 뭘 먹었는데요?

치에 씨의 다이어리를 보고 한국 생활에 대해서 물어봅시다.

7월						
일	월	화	수	목	금	토
7	8	9	10	11	12	13
	1) 쇼핑		보기 오늘 아르바이트		2) 점심 약속	
14	15	16	17	18	19	20
3) 운동		4) 언어 교환		5) 영화 보기		

왜	몇 시에	어디에서
무엇을	누구와	무슨

보기

치에: 나는 오늘 일찍 가야 해.
친구: **왜 일찍 가야 하는데?**
치에: 오늘 아르바이트가 있어.

과제 1 쓰고 말하기

01 주말 스케줄을 간단하게 써 봅시다.

	토요일	일요일
오전		
오후		

02 주말에 친구와 만날 약속을 해 봅시다.

쇼핑하기	영화보기	인사동 구경

보기

지은: 토요일에 시간 있니? 시간 있으면 명동에 쇼핑하러 가자.
유정: 토요일에 반 친구들을 만나기로 했어.
지은: 그럼 일요일은 어때?
유정: 일요일은 괜찮아. 그런데 뭘 사러 갈 건데?
지은: 다음 주 수요일이 동생 생일이어서 선물을 사려고 해.
유정: 그럼 내가 같이 가서 고르는 것을 도와줄게. 일요일 1시에 만나자.

01 다음을 읽고 질문에 답하십시오.

오늘은 오랜만에 한국 친구를 만나기로 했다. 약속 장소인 인천까지는 멀기 때문에 집에서 일찍 나왔다.

주말이어서 지하철은 아주 복잡했다. 가방이 무거워서 지하철 선반 위에 가방을 올려놓았다. 조금 있다가 빈자리에 앉았는데 피곤해서 나도 모르게 졸았다. 잠시 후 내가 일어났을 때 시청역에서 사람들이 내리고 있었다.

나는 시청역에서 갈아타야 했기 때문에 깜짝 놀라서 지하철에서 내렸다. 그런데 가방을 잊어버리고 그냥 내렸다. 가방에는 지갑, 휴대전화, 여권 등 중요한 물건이 많이 들어 있었다.

친구와 한 약속도 중요했지만 가방을 꼭 찾아야 했다. 그래서 먼저 친구에게 전화를 하려고 했는데 전화번호가 생각나지 않았다. 가방을 빨리 찾아 가지고 가려고 했지만 약속 시간이 많이 지난 후에도 가방을 찾지 못했다. 친구가 계속 기다릴 것 같아서 약속 장소에 가 봤지만 친구를 만날 수 없었다. 친구하고 한 약속을 지키지 못해서 많이 미안했다.

1) 이 사람에 대한 내용으로 맞는 것을 고르십시오. (　　)

❶ 시간이 오래 걸렸지만 가방을 찾을 수 있었다.
❷ 약속 장소까지 가려면 지하철을 갈아타야 했다.
❸ 약속 시간이 많이 지나서 약속 장소에 가지 않았다.
❹ 약속 시간이 많이 지났지만 친구가 나를 기다리고 있었다.

2) 이야기와 같으면 O, 다르면 X 하십시오.

❶ 이 사람은 지하철에 가방을 두고 내렸다. (　　)
❷ 이 사람은 지하철을 탄 후에 피곤해서 오래 잤다. (　　)
❸ 가방 안에는 별로 중요하지 않은 물건들이 있었다. (　　)

3) 이 사람은 오늘 왜 친구에게 미안했습니까? 쓰십시오.

____

선반 EN shelf JP 棚 CH 搁板
졸다 EN to doze JP 居眠りする CH 瞌睡
여권 EN passport JP パスポート CH 护照
올려놓다 EN to put something upon a place JP あげておく CH 往上放
놀라다 EN to be surprised JP 驚く CH 惊慌

02 **약속을 지키지 못한 일에 대해서 써 봅시다.**

1) 왜 약속을 지키지 못했습니까? 생각해 봅시다.

누구와 무슨 약속을 했어요?	왜 약속을 지키지 못했어요?	약속을 지키지 못했을 때 어떻게 했어요?

2) 이야기를 써 봅시다.

약속을 지키지 못한 일

03 읽어 봅시다.

된소리2 받침 [ㄱ, ㄷ, ㅂ] 뒤의 / ㄱ / → / ㄲ /	
• **했기** [핻끼]	나는 시청역에서 갈아타야 **했기** 때문에 지하철에서 내렸다.
• **떡국** [떡꾹]	한국에서는 설날에 **떡국**을 먹습니다.
• **학교** [학꾜]	**학교**에서 한국어를 열심히 공부하고 있어요.
• **입고** [입꼬]	친구 결혼식에 갈 때 정장을 **입고** 갔어요.
• **즐겁게** [즐겁께]	한국에서 친구도 많이 사귀고 **즐겁게** 지냅니다.

과제 3 듣고 말하기

MP3 01

대화를 듣고 질문에 답하십시오.

1) 두 사람은 왜 만나기로 했습니까? ( )

① 친구 생일 선물을 사려고
② 집들이 선물을 같이 사려고
③ 오랜만에 친구들을 만나고 싶어서
④ 친구를 집들이에 초대하고 싶어서

2) 들은 내용과 같으면 O, 다르면 X 하십시오.

① 유리는 링링 집을 구경하고 싶어한다. ( )
② 두 사람은 링링의 집들이에 초대를 받았다. ( )
③ 두 사람은 일요일에 따로 집들이에 갈 것이다. ( )

MP3 02

대화를 듣고 질문에 답하십시오.

1) 유카는 미선이에게 왜 전화했습니까? ( )

① 약속을 변경하려고
② 약속을 잊어버려서
③ 약속 시간을 확인하려고
④ 약속을 취소하고 싶어서

2) 유카는 토요일에 무엇을 하려고 합니까? 쓰십시오.

____

집들이 EN housewarming party JP 引っ越し祝い CH 迁居
마중을 나가다 EN to go out to meet (a person) JP 出迎えに行く CH 出迎

MP3

03 대화를 듣고 질문에 답하십시오.

1) 들은 내용과 같은 것을 고르십시오. (   )

❶ 남자는 래프팅을 해 본 적이 있다.

❷ 두 사람은 다음 주에 래프팅을 하러 가기로 했다.

❸ 마리아는 한국 친구들과 먼저 래프팅을 하기로 약속했다.

❹ 마리아는 래프팅을 할 때 겁도 나고 생각보다 더 무서웠다.

2) 두 사람은 언제, 어디에서 만나기로 했습니까? 쓰십시오.

언제: ______________________

어디에서: ______________________

04 주말에 친구와 하고 싶은 특별한 레포츠가 있습니까? 이야기해 봅시다.

승마

패러글라이딩

암벽 등반

래프팅 EN rafting JP ラフティング CH 漂流
겁이 나다 EN to be afraid JP 怖がる、怖じ気付く CH 害怕起来
레포츠 EN leisure sports JP レポーツ(レジャースポーツ) CH 休闲运动
승마 EN horseback riding JP 乗馬 CH 骑马
패러글라이딩 EN paragliding JP パラグライダー CH 滑翔伞
암벽 등반 EN rock-climbing JP ロッククライミング CH 攀岩

MP3_13

제 13 과

남대문 시장에는 뭐든지 다 있어요

- **학습 목표** 서울의 관광지를 안내할 수 있다.
- **어휘** 한옥마을, 정하다, 볼거리
  관광 관련 어휘
- **문법** -을지 -을지, 이든지
- **과제** 서울 관광지 안내하기
  기억에 남는 서울 관광지 소개하는 글 읽고 쓰기
  서울 관광에 대한 대화 듣고 말하기

1. 서울에서 어디에 자주 갑니까?
2. 친구들에게 서울의 어디를 소개해 주고 싶습니까?

MP3

샤오밍	오늘 수업이 끝나고 뭘 할 거예요?
유 리	일본에서 동생이 와서 같이 시간을 보내려고 해요.
샤오밍	뭘 할 생각인데요?
유 리	쇼핑을 할지 한옥마을로 구경을 갈지 아직 정하지 못했어요.
샤오밍	그럼, 남대문 시장에 가 보세요. 남대문 시장에는 볼거리도 많고 뭐든지 다 있어요.
유 리	그게 좋겠군요.

한옥마을
EN Hanok Korean Traditional Village
JP 韓屋村
CH 韩屋村

정하다
EN to decide
JP 決める
CH 决定

볼거리
EN things to see
JP 見どころ
CH 可看的

어휘

관광객
EN tourist
JP 観光客
CH 游客

관광지
EN tourist attraction
JP 観光地
CH 观光地

관광하다
EN to go sightseeing/to go on a tour
JP 観光する
CH 观光

안내원
EN tour guide
JP ガイド、案内員
CH 向导

안내소
EN a tourist information center
JP 案内所
CH 问讯处

안내하다
EN to guide/to conduct
JP 案内する
CH 导览

밑줄 친 곳에 알맞은 단어를 쓰십시오.

보기 서울에는 동대문 시장, 명동, 인사동과 같은 유명한 <u>관광지가</u>이/가 많습니다.

그래서 해마다 많은 외국인 1) ______________ 이/가 서울을 찾아옵니다.

서울을 2) ______________ 기 전에 계획을 잘 세워야 합니다.

그러나 서울에 대해서 잘 모를 때는 도움을 받을 수 있습니다.

서울 시내에는 서울을 소개해 주는 관광 3) ______________ 이/가 곳곳에 있습니다.

여기에 가면 4) ______________ 이/가 친절하게 설명해 줍니다.

외국어로 5) ______________ 어/아/여 주기 때문에 한국말을 잘 몰라도 됩니다.

문법

1 -을지/ㄹ지 -을지/ㄹ지

- 대학원에 갈지 취직을 할지 잘 모르겠어요.
- 기숙사에 살지 하숙집에 살지 생각 중이에요.
- 토요일에 만날지 일요일에 만날지 지금 정합시다.
- 고속버스를 탈지 기차를 탈지 아직 정하지 않았어요.

다음 주에 회사일로 외국에서 손님이 오십니다. 그림을 보고 친구에게 고민을 이야기해 봅시다.

보기

미선: 음식은 한식으로 **준비할지** 양식으로 **준비할지** 아직 정하지 못했어요.

친구: 제 생각에는 한식을 준비하는 게 좋을 것 같은데요.

2 이든지/든지

- 공부하다가 모르면 언제든지 물어 보세요.
- 학생증이 있으면 누구든지 이용할 수 있어요.
- 어디든지 좋으니까 이번에는 꼭 여행을 갑시다.
- 저는 어머니가 만들어 주시는 음식은 뭐든지 잘 먹어요.

관광 안내소 이용에 대해서 묻고 있습니다. 질문에 보기 와 같이 묻고 대답해 봅시다.

보기

가: 관광객이면 다 이용할 수 있어요?

나: 네, 관광객이면 **누구든지** 다 이용할 수 있어요.

과제 1 말하기

01 관광 안내원이 되어서 고향에서 온 친구에게 서울을 안내해 봅시다.

인사동

청계천

명동

서울타워

남대문 시장

보기

마크: 지니야, 서울이 처음이지? 가고 싶은 곳이 있어?

지니: 난 서울을 잘 몰라. 네가 안내 좀 해 주겠니?

마크: 그래. 먼저 인사동에 가 보자. 인사동은 전통 물건을 파는 곳인데 볼거리가 많아서 재미있어. 구경한 후에 남대문 시장에 가서 점심 먹자.

지니: 좋아. 그런데 고향에 돌아갈 때 뭘 사 갈지 아직 정하지 못해서 쇼핑도 하고 싶어.

마크: 걱정하지 마. 남대문 시장에는 뭐든지 다 있으니까 거기서 사면 돼. 그리고 저녁에는 서울타워에 가자. 야경이 정말 아름다워.

야경 EN night view JP 夜景 CH 夜景

참고

인사동

전통 물건을 파는 곳이다.
여러 가지 공연도 하고 구경하는 사람들도 같이 해 볼 수 있다.

청계천

서울 시내에 있는 하천이다.
22개의 다리가 있다.
산책을 하고 공연도 볼 수 있다.

서울타워

서울을 한눈에 볼 수 있다.
서울타워 안에 식당과 쇼핑센터가 있다.

명동

호텔, 가게, 커피숍, 식당이 많다.
가게 점원이 외국어를 할 수 있는 곳이 많다.

남대문 시장

서울에서 가장 큰 시장이다.
여러 가지 물건과 맛있는 음식이 있다.
볼거리가 많다.

하천 EN watercourses/river JP 河川 CH 河川

다리 EN bridge JP 橋 CH 桥

과제 2 읽고 쓰기

01 다음을 읽고 질문에 답하십시오.

서울에는 유명한 관광지가 많습니다. 저는 그동안 서울 여기저기를 많이 구경했는데 가 본 곳 중에서 가장 기억에 남는 곳은 청계천입니다.

지난주에 청계천에 갔을 때 아주 아름다운 장면을 봤습니다. 저녁 8시 반쯤 갑자기 청계천 옆에 있는 큰 화면에 어떤 남자가 여자 친구에게 사랑을 고백하는 장면이 나왔습니다. 그리고 잠시 후에 화면에 나온 그 남자가 사람들 앞에서 여자 친구에게 꽃다발을 주고 청혼을 했습니다.

여자 친구 앞에는 청혼을 받아들일지 안 받아들일지 정하는 스위치가 있었습니다. 여자 친구가 청혼을 받아들이는 스위치를 눌렀을 때 사람들은 모두 박수를 쳤습니다. 두 사람은 청계천 아래에 있는 예쁜 의자 위에서 사진을 찍었습니다.

저는 아직도 그 장면을 잊을 수 없습니다. 서울의 아름다운 야경 아래에서 두 사람은 아주 행복해 보였습니다.

1) 위 글은 무엇에 대한 이야기입니까? (　　　)

❶ 청계천의 역사　　❷ 청계천의 야경
❸ 청계천에서 보낸 하루　　❹ 청계천에서 본 청혼 장면

2) 위 글의 내용과 같은 것을 고르십시오. (　　　)

❶ 이 사람은 오전에 청계천에 갔다.
❷ 가장 기억에 남는 곳은 청계천이다.
❸ 여자는 남자의 청혼을 받아들이지 않았다.
❹ 이 사람은 예쁜 의자 위에서 사진을 찍었다.

3) 사람들은 왜 박수를 쳤습니까? 쓰십시오.

____

기억에 남다 EN to remain in memory JP 記憶に残る CH 留在记忆中
장면 EN scene JP 場面 CH 场景
화면 EN scene on the screen JP 画面 CH 画面
고백하다 EN to confess JP 告白する CH 告白
청혼하다 EN to propose marriage JP プロポーズする CH 求婚
받아들이다 EN to accept JP 受け入れる CH 接受
누르다 EN to press down JP 押す CH 按

02 기억에 남는 서울의 관광지에 대해서 소개해 봅시다.

1) 기억에 남는 서울의 장소를 생각해 봅시다.

서울의 다양한 관광지 ➡ 기억에 남는 장소 ➡ 기억에 남는 이유

2) 이야기를 써 봅시다.

기억에 남는 서울의 관광지

03 읽어 봅시다.

된소리 3 받침 〔ㄱ, ㄷ, ㅂ〕 뒤의 /ㄷ/ → /ㄸ/	
• **꽃다발** [꼳따발]	남자가 여자에게 **꽃다발**을 주고 청혼을 했다.
• **목도리** [목또리]	생일날 **목도리**를 선물로 받았다.
• **식당** [식땅]	이 **식당**은 음식이 싸고 맛있다.
• **탔다** [탇따]	서울 시내를 구경하려고 시티투어 버스를 **탔다**.
• **법대** [법때]	나는 **법대**를 졸업하고 변호사가 되었다.

과제 3 듣고 말하기

MP3

01 대화를 듣고 질문에 답하십시오.

1) 유카 씨는 왜 주말에 쉬지 못했습니까? (　　)

❶ 여행을 다녀왔기 때문에
❷ 서울을 안내했기 때문에
❸ 회사 일이 많았기 때문에
❹ 고향에 갔다가 왔기 때문에

2) 유카 씨가 가지 않은 곳은 어디입니까? (　　)

❶ 명동　　❷ 청계천
❸ 인사동　　❹ 동대문 시장

MP3

02 대화를 듣고 질문에 답하십시오.

1) 들은 내용과 같은 것을 고르십시오. (　　)

❶ 인사동에서 도자기를 판다.
❷ 치에 씨는 무엇을 살지 정했다.
❸ 지금 바빠서 구경할 시간이 없다.
❹ 호떡 가게는 인사동에서 유명하지 않다.

2) 들은 내용과 같으면 O, 다르면 X 하십시오.

❶ 치에 씨는 오늘 많이 걸었다. (　　)
❷ 치에 씨는 점심을 먹은 지 오래 됐다. (　　)
❸ 치에 씨는 전에 호떡을 먹어 본 적이 있다. (　　)

무리하다 EN to overdo oneself JP 無理する CH 超过极限
냄새가 나다 EN to have a smell JP 匂いがする CH 发出气味
서두르다 EN to hurry up JP 急ぐ CH 赶紧

MP3

03 대화를 듣고 질문에 답하십시오.

1) 외국인들이 좋아하는 서울의 관광지를 순서대로 쓰십시오.

❶	❷	❸
______	______	______

2) 들은 내용과 같은 것을 고르십시오. (　　)

❶ 동양 사람들은 명동을 좋아한다.
❷ 유정 씨는 그 신문에 관심이 없다.
❸ 서양 사람들은 경복궁을 좋아한다.
❹ 유정 씨는 남산을 많이 안내해 봤다.

04 서울에서 제일 좋아하는 곳은 어디입니까? 그곳을 소개하고 그 이유를 이야기해 봅시다.

한 강	인사동	명 동	동대문 시장

MP3_14

제 14 과

제주도만큼 경치가 아름다운 곳도 없어요

- **학습 목표** 여행지에 대한 정보를 구할 수 있다.
- **어휘** 2박 3일, 다녀오다, 숙소, 묵다, 전망
  여행 관련 어휘
- **문법** 만큼, -는지 알다/모르다
- **과제** 여행지에 대한 정보 구하기
  한국에서 여행하고 싶은 곳 읽고 쓰기
  여행 정보 관련 대화 듣고 말하기

1 어디로 여행을 가고 싶습니까?

2 여행지에 대한 정보를 어떻게 찾습니까?

MP3

마이클	이번 휴가 때 제주도에 갈까 하는데 샤오밍 씨는 가 보셨어요?
샤오밍	네, 두 번 갔다가 왔어요. 제주도만큼 경치가 아름다운 곳도 없어요.
마이클	아, 그래요? 며칠 동안 여행하셨어요?
샤오밍	2박 3일로 다녀왔어요.
마이클	아직 숙소를 정하지 못했는데 어느 호텔이 좋은지 아세요?
샤오밍	제가 지난번에 묵은 호텔을 소개해 드릴까요? 전망도 좋고 서비스도 좋았어요.

2박 3일
EN 3 days and 2 nights
JP 2泊3日
CH 三天两夜

다녀오다
EN to return from visiting
JP 行ってくる
CH 去过回来

숙소
EN lodging
JP 宿所
CH 住处

묵다
EN to lodge at
JP 泊る
CH 住宿

전망
EN view / lookout
JP 展望
CH 窗外远景、前景

어휘

여행 기간
EN travel period
JP 旅行期間
CH 旅游时间

여행 일정
EN travel schedule
JP 旅行日程
CH 旅游日程

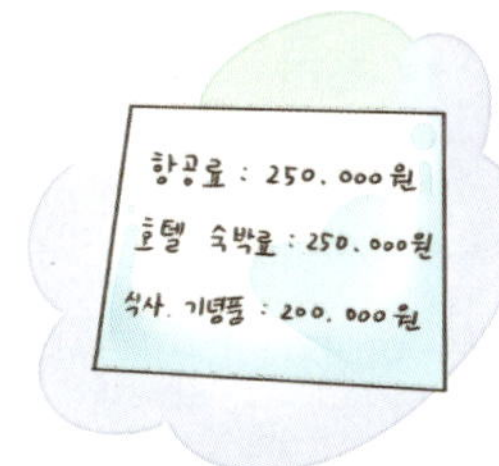

여행 경비
EN travel expenses
JP 旅行経費
CH 旅游经费

교통편
EN transportation
JP 交通の便、交通手段
CH 交通工具

숙박 시설
EN accomodations
JP 宿泊施設
CH 住宿设施

밑줄 친 곳에 알맞은 단어를 쓰십시오.

저는 여름방학 때 친구와 같이 부산으로 여행을 가려고 합니다.

보기 부산 여행이 처음이어서 여행 경비가이/가 얼마나 들지 모르겠습니다.

1) ____________________ 은/는 2박 3일로 할지 3박 4일로 할지 아직 결정하지 못했습니다.

2) ____________________ 은/는 비행기나 고속버스보다 기차가 좋을 것 같습니다.

KTX를 타면 서울에서 부산까지 2시간 반 정도밖에 걸리지 않고 기차 안에서 창밖의 경치도 구경할 수 있으니까요.

부산에는 호텔, 콘도 같은 좋은 3) ____________________ 이/가 많지만 좀 비싸서 찜질방에서 잘까 합니다.

여행을 가서 구경을 많이 하려면 가기 전에 4) ____________________ 을/를 잘 짜야 합니다.

문법

1 만큼

- 동생이 저만큼 키가 컸어요.
- 아이가 어른만큼 많이 먹어요.
- 웨이 씨만큼 노래를 잘 부르는 사람은 없어요.
- 이 세상에서 자기 집만큼 편한 곳은 없을 거예요.

한국의 유명한 관광지를 보기 와 같이 소개해 봅시다.

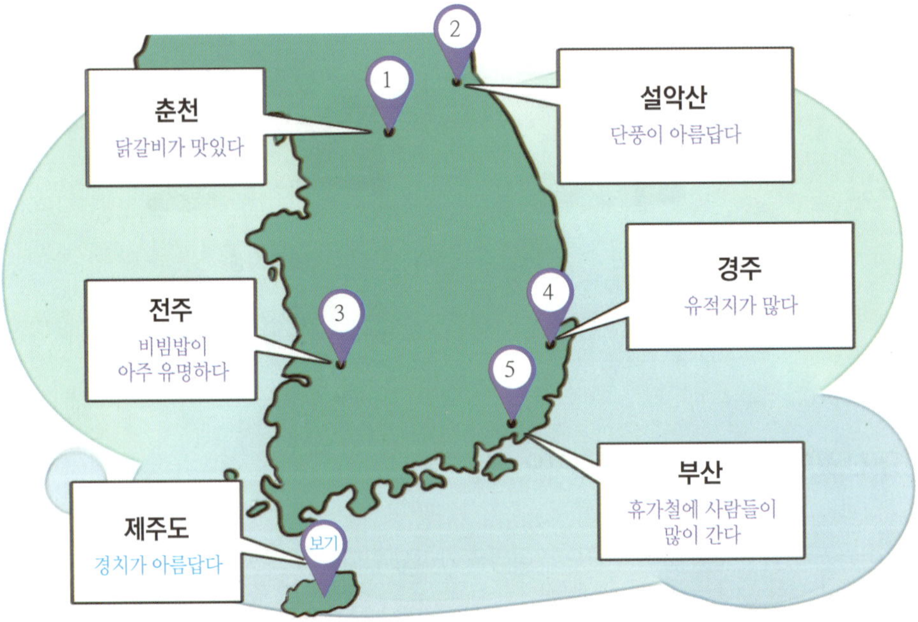

보기 제주도만큼 경치가 아름다운 곳은 없어요.

1) ______________________________.

2) ______________________________.

3) ______________________________.

4) ______________________________.

5) ______________________________.

2 -는지 알다/모르다, -은지/ㄴ지 알다/모르다

- 시청까지 어떻게 가는지 아세요?
- 왜 그 영화가 인기가 많은지 아세요?
- 동생이 어디에 갔는지 몰라요.
- 저기 계신 분이 누구신지 모르겠어요.

좋아하는 가수의 콘서트에 가고 싶습니다. 옆 친구에게 콘서트에 대해서 물어봅시다.

JUJ 화이트데이 콘서트

세 남자의 부드럽고 달콤한 프러포즈

일 시: 3월 14일 수요일 오후 7시 (120분 공연)
장 소: 명동 문화극장
관람료: VIP석(12만 원), R석(10만 원), S석(8만 원)

* 인터넷으로만 예매할 수 있습니다.
* 공연 1시간 전부터 매표소에서 표를 받을 수 있습니다.
* 표를 받으실 때 신분증이 필요합니다.

보기

나: JUJ 콘서트에 가고 싶은데 **언제 하는지 알아?**

친구: 응, **언제 하는지 알아.** 3월 14일에 해.

과제 1 읽고 말하기

01 여행지에 대해서 알아봅시다

설악산
- 여행 기간: 1박 2일
- 교통편: 기차 (무궁화호)
- 숙소: 한국호텔
- 관광 일정: 설악산, 강릉 경포대 바닷가, 수산시장 등
- 상품 가격: 150,000원

* 첫째 날 저녁은 드리지 않습니다.
* 여행하는 동안 안내원이 함께 있습니다.

경주
- 여행 기간: 2박 3일
- 교통편: 버스
- 숙소: 한옥 호텔
- 관광 일정: 경주, 안동 하회마을
- 상품 가격:350,000원

* 경주와 안동에서 각각 1박 합니다.
* 안동에서 도자기 만들기를 합니다.

제주도
- 여행 기간: 2박 3일
- 교통편: 비행기
- 숙소: 제주호텔
- 관광 일정: 한라산, 성산 일출봉, 우도 등
- 상품 가격: 450,000원

* 첫째 날과 셋째 날 관광은 버스로 합니다.
* 둘째 날은 자유 여행입니다.

자유 EN freedom JP 自由 CH 自由

02 두 사람이 각각 여행사 직원과 손님이 되어 여행지에 대해서 질문하고 대답해 봅시다.

보기

손님: 1박 2일로 여행을 다녀올까 하는데 좋은 여행 상품이 있습니까?

직원: 설악산 상품이 있는데 어떠세요? 설악산만큼 아름다운 산도 없습니다.

손님: 설악산 근처에 구경할 것이 많습니까?

직원: 그럼요. 바닷가가 있어서 바다 구경도 하실 수 있습니다.

손님: 숙소가 깨끗하고 좀 넓었으면 좋겠는데 어디에서 묵어요?

직원: 숙소는 한국호텔입니다. 깨끗하고 전망도 좋습니다.

문화

• 한국의 숙박시설

여행을 가서 이용할 수 있는 숙박시설은 다양합니다. 그 중에서 한옥 호텔과 한옥 민박은 한국의 전통문화를 느낄 수 있는 숙박시설입니다. 한옥 호텔은 정원이 아름다워서 자연을 가까이 느낄 수 있고 흙과 나무로 지어서 건강에 좋습니다.

한옥 민박은 한국의 아름다움도 느낄 수 있고 숙박비도 싸서 해마다 이곳을 찾는 외국인들이 늘고 있습니다.

펜션은 바닷가나 산 근처에 있는 예쁜 집입니다. 산과 강을 모두 좋아하는 사람들이 많이 찾습니다.

게스트하우스는 여러 사람이 한 방을 같이 사용하기 때문에 복잡하지만 여행 정보도 얻고 여행 경비도 줄일 수 있습니다.

과제 2 읽고 쓰기

01 **다음을 읽고 질문에 답하십시오.**

저는 한국의 시골, 담양을 여행하고 싶습니다. 제 고향도 도시이고 지금 살고 있는 곳도 서울이어서 저는 시골에 가 본 적이 없습니다. 도시는 시골에 비해서 생활하기가 편하지만 너무 복잡하고 시끄럽습니다. 그래서 조용한 시골로 여행을 가고 싶습니다.

며칠 전 텔레비전의 한 프로그램에서 담양을 소개해 주는 것을 봤는데 그곳은 경치도 아름답고 맛있는 음식도 많았습니다. 그래서 담양에 한번 가 보고 싶어졌습니다.

저는 여행을 갈 때 자동차를 빌려 가지고 가겠습니다. 요즘은 시골도 교통편이 좋기는 하지만 시간도 아끼고 여기저기 많이 구경하려면 제가 운전해서 가는 것이 편할 것 같습니다.

시골로 여행을 가면 민박 집에서 묵고 싶습니다. 민박 집 주인 아주머니, 아저씨와 같이 이야기를 하면 한국의 시골에 대해서 더 잘 알 수 있을 것 같기 때문입니다.

여행에 대해서 생각하니까 여행을 빨리 가고 싶습니다.

1) 이 사람은 여행할 때 무슨 교통편을 이용하겠습니까? (　　　)

❶ 버스　　❷ 기차　　❸ 자동차　　❹ 자전거

2) 위 글의 내용과 같은 것을 고르십시오. (　　　)

❶ 이 사람의 고향은 시골이다.
❷ 요즘 시골에 갈 때 교통편이 불편하다.
❸ 이 사람은 친구한테서 담양에 대한 이야기를 들었다.
❹ 이 사람은 시골로 여행을 가면 민박 집에 묵을 것이다.

3) 이 사람은 왜 시골로 여행을 가고 싶어합니까? 쓰십시오.

시골 EN countryside JP 田舎 CH 乡村
아끼다 EN to save JP 惜しむ、節約する、大切に使う CH 爱惜
도시 EN city JP 都市 CH 城市
민박 EN private lodging JP 民泊 CH 民宿

02 한국에서 여행하고 싶은 곳에 대해서 써 봅시다.

1) 여행하고 싶은 곳에 대해서 생각해 봅시다.

여행가고 싶은 곳	그곳에 가고 싶은 이유	교통편/숙소

2) 이야기를 써 봅시다.

한국에서 여행하고 싶은 곳

03 읽어 봅시다.

된소리 4 받침 [ㄱ, ㄷ, ㅂ] 뒤의 /ㅈ/ → /ㅉ/	
• **복잡하고** [복짜파고]	도시는 너무 **복잡하고** 시끄럽습니다.
• **민박 집** [민박찝]	여행을 가면 **민박 집**에서 묵고 싶습니다.
• **닫자** [닫짜]	추우니까 창문을 **닫자.**
• **씻지** [씯찌]	손을 자주 **씻지** 않으면 안 됩니다.
• **답장** [답짱]	친구에게 아직 **답장**을 보내지 못했습니다.

과제 3 듣고 말하기

MP3 01

대화를 듣고 질문에 답하십시오.

1) 여자는 이번 여행에서 무엇을 중요하게 생각합니까? (   )

❶ 교통편　❷ 여행 경비
❸ 숙박시설　❹ 여행 기간

2) 들은 내용과 같은 것을 고르십시오. (   )

❶ 여자는 춘천에 가 본 적이 있다.
❷ 여자는 1박 2일로 여행을 가고 싶어한다.
❸ 춘천은 경치가 아름답고 유명한 음식이 있다.
❹ 서울에서 춘천까지 고속버스로 2시간 반쯤 걸린다.

MP3 02

대화를 듣고 질문에 답하십시오.

1) 들은 내용과 같은 것을 고르십시오. (   )

❶ 이 사람은 아내와 여행을 갈 것이다.
❷ 이 여행 상품은 기차로 하는 여행이다.
❸ 이 여행 상품은 3일 동안 하는 여행이다.
❹ 이 여행 상품은 젊은 사람들에게 인기가 있다.

2) 이 사람은 왜 여행사에 전화했습니까? 쓰십시오.

____

당일 EN appointed day JP 当日 CH 当天
절 EN Buddhist temple JP 寺 CH 寺庙
온천 EN hot spring JP 温泉 CH 温泉

MP3

03 이야기를 듣고 질문에 답하십시오.

1) 이야기의 제목으로 맞는 것을 고르십시오. (　　　)

❶ 한국의 섬　　❷ 아름다운 돌담

❸ 아름다운 제주도　　❹ 제주도의 사계절

2) 들은 내용과 같으면 O, 다르면 X 하십시오.

❶ 제주도 사람들은 바람이 많이 불어서 돌담을 만들었다.　(　　　)

❷ 한국에서 한라산만큼 높은 산은 없다.　(　　　)

❸ 한라산에서는 봄에만 꽃과 나무를 볼 수 있다.　(　　　)

3) 제주도는 무엇이 유명합니까? 쓰십시오.

____

04 여러분은 다음 중에서 어떤 여행을 하고 싶습니까? 이야기해 봅시다.

호텔 기차 여행

유람선 여행

관광 버스 여행

캠핑카 여행

자연 EN nature JP 自然 CH 自然

돌담 EN stone wall JP 石垣 CH 石墙

작품 EN piece of work JP 作品 CH 作品

섬 EN island JP 島 CH 岛

쌓다 EN to pile up JP 積む CH 堆

MP3_15

제 15 과

힘들어도 좋은 경험이 될 거예요

- **학습 목표** 다양한 곳을 여행한 경험을 묻고 말할 수 있다.
- **어휘** 배낭여행, 휴가철, 걱정이 되다
  여행 종류 관련 어휘
- **문법** -어서 그런지, -어도
- **과제** 기억에 남는 여행 말하기
  특별한 여행에 대한 글 읽고 쓰기
  여행 경험에 대한 대화 듣고 말하기

1 지금까지 여행을 많이 해 봤어요?

2 여행한 곳 중에서 제일 기억에 남는 곳은 어디예요?

MP3

유 리	사진을 보니까 여행을 참 많이 했군요. 여기는 어디예요?
샤오밍	프랑스예요.
	작년에 유럽으로 배낭여행을 다녀왔어요.
유 리	저도 이번 방학 때 유럽에 가려고 하는데 어땠어요?
샤오밍	재미있기는 했지만 휴가철이어서 그런지 관광객이 좀 많았어요.
유 리	힘들지 않았어요?
	전 배낭여행이 처음이어서 걱정이 돼요.
샤오밍	힘들어도 좋은 경험이 될 거예요.

배낭여행
EN backpacking trip
JP バックパック旅行
CH 背包旅行

휴가철
EN vacation season
JP 休暇シーズン
CH 假日高峰期

걱정이 되다
EN to be worried
JP 心配になる
CH 担心

국내여행
EN domestic tourism
JP 国内旅行
CH 国内旅游

해외여행
EN traveling overseas
JP 海外旅行
CH 海外旅游

배낭여행
EN backpacking trip
JP バックパック旅行
CH 背包旅行

수학여행
EN study for tour
JP 修学旅行
CH 修学旅行

신혼여행
EN honeymoon
JP 新婚旅行
CH 新婚旅行

단체여행
EN group tour
JP 団体旅行
CH 团体旅行

밑줄 친 곳에 알맞은 단어를 쓰십시오.

보기 고등학교 때 선생님과 반 친구들과 함께 간 수학여행이어/가 지금도 생각난다.

1) 이번 방학 때 친구와 대전, 경주를 지나 부산까지 자동차를 타고 ______________ 을/를 하려고 한다.

2) ______________ 을/를 하면 많이 걸어서 힘들지만 적은 경비로 여기저기를 구경하고 많이 배울 수 있다.

3) 여러 나라에 친척들이 살고 있어서 방학 때마다 ______________ 을/를 많이 한다.

4) 여러 사람이 같이 구경하기 때문에 자기가 가고 싶은 곳만 갈 수는 없지만 여행을 편하게 하려면 ______________ 을/를 하는 것이 좋다.

5) 결혼을 하고 ______________ 을/를 어디로 가야 할지 아직 결정하지 못했다.

문법

1 -어서/아서/여서 그런지

- 커피를 많이 마셔서 그런지 잠이 안 와요.
- 그곳은 교통편이 좋아서 그런지 집값이 비싸요.
- 날씨가 추워서 그런지 거리에 사람이 별로 없어요.
- 휴일이어서 그런지 극장에 사람이 많아요.

우리 반 친구들은 잘하는 것이 많습니다. 그림을 보고 친구들에 대해서 이야기해 봅시다.

보기 유카

1) 마크

2) 링링

3) 제임스

4) 치에

5) 왕밍

보기

친구: 반 친구들 중에서 누가 글을 제일 잘 써요?

유리: 유카 씨가 책을 많이 **읽어서 그런지** 글을 제일 잘 써요.

2 -어도/아도/여도

- 그 옷이 비싸도 예쁘니까 사겠어요.
- 약속시간이 1시간이 지나도 친구가 오지 않아요.
- 아무리 연습을 많이 해도 발음이 좋아지지 않습니다.
- 똑똑한 학생이어도 이 문제는 모를 거예요.

유카 씨는 1박 2일로 부산여행을 가려고 합니다. 보기 와 같이 문장을 만들어 봅시다.

보기

1)

2)

3)

4)

5)

보기 날씨: 이번 주말에 비가 와도 여행을 가려고 해요.

1) 교통편: ______________________________.

2) 숙소: ______________________________.

3) 음식: ______________________________.

4) 구경할 곳: ______________________________.

5) 여행 일정: ______________________________.

과제 1 말하기

01 기억에 남는 여행에 대해서 생각해 보고 이야기해 봅시다.

보기

유정: 미선아, 여행한 곳 중에서 어디가 제일 기억에 남아?

미선: 작년에 가족과 함께 간 인도 타지마할이 제일 기억에 남아.
타지마할은 왕이 죽은 왕비를 잊지 못해서 지은 건물인데 아주 크고 아름다웠어.

유정: 복잡하지는 않았어?

미선: 유명한 관광지이어서 그런지 관광객이 많았는데 그렇게 복잡하지는 않았어.

유정: 인도 음식은 어땠어?

미선: 처음 먹어 본 카레도 많았는데 내 입에는 잘 맞았어.

인도 타지마할

필리핀 팔라호

일본 나가노

체코 프라하

스페인 지중해

건물 EN building JP 建物 CH 建筑

입에 맞다 EN to suit one's taste JP 口に合う CH 合口味

카레 EN curry JP カレー CH 咖喱

과제 2 읽고 쓰기

01 다음을 읽고 질문에 답하십시오.

나는 방학 때 친구와 같이 2박 3일로 강릉에서 속초까지 자전거여행을 했다. 자전거여행은 처음이어서 걱정이 됐지만 자전거를 타고 한국의 여러 곳을 구경하고 싶어서 여행을 떠났다. 여행을 떠나기 전에 인터넷에서 정보를 찾아 가지고 여행 계획을 세웠다.

첫째 날 아침 우리는 서울역에서 강릉역까지 기차로 간 후에 자전거를 타고 경포대 쪽으로 갔다. 바다가 아름다워서 그런지 자전거를 타는 사람들이 많았다. 저녁에는 강릉에서 유명한 순두부를 먹고 민박 집에서 잠을 잤다.

둘째 날은 아침 일찍 정동진에 가서 해돋이를 구경했다. 그리고 정동진에서는 세계에서 제일 큰 모래시계도 볼 수 있었다.

셋째 날은 속초에 가서 바다에서 수영도 하고 맛있는 회도 먹었다.

이번 여행은 나에게 아주 특별한 여행이었다. 처음으로 자전거를 타고 한 여행이었고 여러 곳을 많이 구경할 수 있어서 좋았다. 우리는 다음에도 함께 자전거여행을 하기로 약속했다.

1) 이 사람에 대한 내용으로 맞는 것을 고르십시오. ( )

❶ 강릉에서 속초까지 혼자서 여행을 했다.
❷ 정동진에서 수영을 하고 맛있는 회를 먹었다.
❸ 정동진에서 해돋이를 구경하고 모래시계를 봤다.
❹ 경포대 근처에서 자전거를 타는 사람은 별로 없었다.

2) 이야기와 같으면 O, 다르면 X 하십시오.

❶ 한국에서 자전거를 타고 2박 3일로 여행했다. ( )
❷ 자전거여행은 처음이 아니었지만 걱정이 됐다. ( )
❸ 여행을 가기 전에 여행 계획을 세우지 않았다. ( )

3) 이 사람에게 이번 여행은 왜 특별했습니까? 쓰십시오.

____

해돋이 EN sunrise JP 日の出 CH 日出

모래시계 EN sandglass JP 砂時計 CH 沙漏计时器

02 특별한 여행을 한 경험에 대해서 써 봅시다.

1) 언제 특별한 여행을 했습니까? 생각해 봅시다.

언제 갔어요?	무엇을 했어요?	왜 그 여행이 특별해요?

2) 이야기를 써 봅시다.

특별한 여행

03 읽어 봅시다.

된소리 5 받침 [ㄱ, ㄷ, ㅂ] 뒤의 /ㅅ/ → /ㅆ/	
• **약속** [약쏙]	우리는 다음에도 자전거여행을 하기로 **약속**했다.
• **있습니까** [읻씀니까]	일본에 가 본 적이 **있습니까**?
• **하겠습니다** [하겓씀니다]	지금부터 우리 학교를 소개**하겠습니다**.
• **엽서** [엽써]	친구의 **엽서**를 받고 답장을 썼습니다.
• **접시** [접씨]	예쁜 **접시**에 과일을 담았습니다.

과제 3 듣고 말하기

MP3 01

대화를 듣고 질문에 답하십시오.

1) 친구는 미선이에게 어떤 이야기를 해 줬습니까? ( )

❶ 필요한 물건만 넣으면 안 된다.
❷ 짐은 무거워도 많이 가져가는 게 좋다.
❸ 여행지에서 필요한 약을 쉽게 살 수 있다.
❹ 여행지의 날씨에 맞는 옷을 준비해야 한다.

2) 들은 내용과 같으면 O, 다르면 X 하십시오.

❶ 미선이는 휴가 때 홍콩에 가려고 한다. ( )
❷ 미선이는 짐을 싸기 전에 친구의 도움을 받았다. ( )

MP3 02

대화를 듣고 질문에 답하십시오.

1) 유리의 배낭여행은 어땠습니까? ( )

❶ 힘든 일은 별로 없었다.
❷ 많은 친구들을 사귀지 못했다.
❸ 가고 싶은 곳을 많이 구경했다.
❹ 혼자 정보를 찾아 가지고 갔다.

2) 들은 내용과 같으면 O, 다르면 X 하십시오.

❶ 친구는 유럽을 단체여행으로 다녀왔다. ( )
❷ 유리는 다음에는 배낭여행을 안 갈 것이다. ( )
❸ 친구는 유럽여행을 가서 자기가 가고 싶은 곳을 다 갔다. ( )

짐을 싸다 EN to pack JP 荷造りする CH 收拾行李
비상약 EN emergency medication JP 非常薬 CH 紧急用药
마음대로 EN as one pleases / at one's direction JP 勝手に、思い通りに CH 随心所欲

MP3

03 대화를 듣고 질문에 답하십시오.

1) 들은 내용과 같은 것을 고르십시오. (   )

❶ 지은이는 혼자 춘천에 갔다.
❷ 지은이는 춘천에서 2일 잤다.
❸ 지은이는 남이섬을 구경해서 좋았다.
❹ 지은이가 묵은 방은 전망이 안 좋았다.

2) 지은이가 묵은 펜션은 어땠습니까? 쓰십시오.

____

04 여러분은 보통 무엇을 하려고 여행을 갑니까? 이야기해 봅시다.

친척집 방문	쇼핑	관광

남이섬 EN Nami Island JP 南怡島 CH 南怡岛
방문 EN visitation JP 訪問 CH 访问
친척 EN relatives JP 親戚 CH 亲戚

3주완성
연세 한국어

연세대학교 한국어학당 편

4 부록

1. 번역 (영어 · 일본어 · 중국어)
2. 문법 활용연습
3. 듣기 지문
4. 모범 답안
5. 색인

연세대학교 출판문화원

3주완성 연세 한국어

연세대학교 한국어학당 편

4 부록

1. 번역 (영어 · 일본어 · 중국어)
2. 문법 활용연습
3. 듣기 지문
4. 모범 답안
5. 색인

연세대학교 출판문화원

Preface

Having the highest reputation in Korean language education for more than 50 years, the Korean Language Institute of the Yonsei University Language Research and Education Center has compiled a large quantity of textbooks to enhance the quality of the Korean Language Education.

With the recent rise of the 'Korean Wave', the Korean culture is now spreading beyond the region of Asia to America and Europe and all over the world. As a result, the interest and demand to learn the Korean language is increasing. In the past, the students of Korean language education were mostly overseas Koreans and some foreigners, but now there is a growing tide of Korean language learners with different objectives and requests. For this reason, the demands of the learners for textbooks have also become diverse.

Over the years, the Yonsei University Language Research and Education Center Korean Language Institute has continuously developed and published textbooks that met the objectives and demands of many different learners such as those with goals for employment or further studies as well as the children of overseas Koreans. This textbook 'Yonsei Korean in 3 Weeks 4' was published for the learners who desire to learn the Korean language through a 60 hour course. It introduces essential vocabulary, grammar, and Korean culture and ways of thinking with interesting topics for foreigners to expand their understanding of Korea and the Korean language. It also includes a variety of tasks in order to develop balanced skills in vocabulary, grammar, listening, speaking, writing, and reading

The objective of learning a language is to increase communication skills as well as understand the society and culture of the targeted language. We are confident that this textbook will be very helpful to learners who seek to learn the Korean language and culture in a short amount of time. We believe it will also play a large role in the overall development of Korean language textbooks.

We hope that this textbook 'Yonsei Korean in 3 Weeks 4' will be a great help to not only the learners studying at the Korean Language Institute of the Yonsei University Language Research and Education Center, but to all learners in Korea and around the world who want to learn the Korean language and culture within a short period of time. The Textbook Compilation Committee at the Yonsei University Language Research and Education Center Korean Language Institute will continue to do our best to meet the requests and expectations of learners in the future.

Yonsei University Language Research and Education Center
Korean Language Institute Textbook Compilation Committee

はじめに

50年以上を韓国語教育に邁進してきた延世大学校韓国語学堂は、韓国内最高の歴史と名声にふさわしくこれまでに多くの韓国語教材の編纂と関連研究をしてきたことで韓国語教育を先導してきた。

特に最近では停滞していた韓流がアジア地域だけにとどまらず、アメリカ地域やヨーロッパ至るまで全世界に拡散されながら韓国と韓国文化が世界に伝わり、これによって韓国語に対する関心と需要も増えている。以前は海外同胞や一部の外国人を中心に行われてきた韓国語教育が、今では多様な目的と要求を持つ学習者を対象に拡大の傾向にあり教材に対する需要もこれとともに多様になってきている。

延世大学校韓国語学堂はこれまで一般の目的の韓国語学習者だけではなく職業目的の学習者、学問目的の学習者、海外同胞の子女など多様な対象の目的と需要に合わせた教材を持続的に開発、出版してきた。今回出版する'3週完成延世韓国語4'は60時間用教材で短期間で韓国語を学ぼうとする学習者を対象に作った教材だ。よって外国人が興味を持っているテーマを中心に必須語彙や文法、文化や考え方を紹介することで韓国語と韓国についての理解を広げることに努めた。特にこの教材は語彙力や文法理解力および話す、聞く、書く、読むの領域をバランス良く向上させることができるように多様な課題を含むことによって学習効果を高めようと構成した。

言語教育は目標語を通じたコミュニケーション能力の向上とともに目標言語の社会や文化を理解させるのにその目的がある。この教材は短い期間に韓国語を学び韓国文化を知ろうとする学習者に大いに役に立つと確信し、韓国語教材の発展にも大きな役割を担うだろうと思う。

'3週完成延世韓国語4'が延世大学校言語研究教育院韓国語学堂で学習する学習者たちだけではなく韓国内、国内で短期間で韓国語と韓国文化を学びたい多くの学習者たちに役立つことを願い、延世大学校言語研究教育院韓国語学堂教材編纂委員会は今後も学習者の要求と期待に応える教材開発のために最善を尽くしたい。

延世大学校言語研究教育院
韓国語学堂教材編纂委員会

前言

有着50年以上韩国语教育历史的延世大学韩国语学堂，与其悠久的历史及盛名相符，曾编写了各类韩国语教材并做了不少相关研究，引领着韩国语教育的发展。

最近，曾停滞一时的韩流风潮开始逐渐超出亚洲范围，扩散到了美洲、欧洲等世界各地，韩国及韩国文化在世界范围内得到了广泛传播，与之相连的，大家对韩语的兴趣和需求也在慢慢的增加。以前主要以海外同胞和一部分外国人为中心的韩国语教育，现在逐渐有了以持有各种目的和要求的学习者为对象的扩大化趋势，因此对教材的需求也开始变得多样化起来。

延世大学韩国语学堂在此期间不仅针对一般的韩国语学习者，还针对有求职需求的学习者，有升学目的的学习者，海外同胞的子女等有着各种各样目的及需求的学习对象，持续不断地开发、出版了各类教材。本次出版的'3周速成延世韩国语4'作为60学时用教材，是针对短期韩国语学习者而编写的教材。主要以外国人感兴趣的主题为中心，介绍了必要的词汇、语法、文化和思维方式，以便加深学习者对韩国语及韩国的理解。尤其是本教材为了使学习者的词汇能力、语法理解力和听说读写各能力得到均衡的发展，加入了多样化的练习，以确保学习效果的提高。

语言教育的目标是为了通过目的语来提高交际能力，并理解使用这种目的语的社会和文化。本教材能够对短时间内学习韩国语并想了解韩国文化的学习者提供很多的帮助，并为韩国语教材的发展承担起自己的一份责任。

'3周速成延世韩国语4'不仅适用于延世大学语言研究教育院韩国语学堂的学习者，也适用于国内、国外短期内学习韩国语和韩国文化的所有学习者，希望为他们提供很大的帮助。延世大学语言研究教育院韩国语学堂教材编写委员会今后将不负学习者的要求和希望，为教材的开发贡献自己最大的力量。

延世大学语言研究教育院
韩国语学堂教材编写委员会

Introduction

- The 'Yonsei Korean in 3 Weeks 4' was written for the foreigner and overseas Korean students who seek to learn the Korean language within a short amount of time. As a textbook for intermediate learners, this was written to help the learner have a wider understanding of Korea with the necessary lessons in vocabulary, grammar, culture, and way of thinking.

- Five characters appear in the 'Yonsei Korean in 3 Weeks 4' and the 15 lessons consist of dialogues about the everyday life of these characters.

- Each chapter of this textbook includes a chapter title, objective, illustration and introductory questions, dialogue, pronunciation, vocabulary words, grammar, tasks and culture.

- The chapter title for each lesson is an important sentence taken from the chapter dialogue.

- The objective for each chapter presents a communication skill and task necessary to learn in order to motivate the learner and help promote a clearer understanding of the chapter.

- The main dialogue of each chapter was created with the intention to make it the most typical and representative type of dialogue concerning a targeted theme. Each dialogue is made up of 6-10 sentences with 3 turns of dialogue. An illustration and a couple of questions come before the dialogue to help the learner become interested in the content of the conversation.

- Words from the reading task that need special attention with pronunciation are presented separately to help the learner practice the words with accurate pronunciation.

- The main chapter dialogues are presented in English, Japanese, and Chinese to help the learner easily understand the context and content of the dialogue.

- The selected vocabulary words for the theme of each chapter that the learner must know are presented with illustrations to help with understanding meaning. There are 325 words presented in 'Yonsei Korean in 3 Weeks 4'

- The grammar and sentence pattern lessons that come from each chapter's main dialogue are explained in the learner's native language. Following that, the example sentences are in Korean and are translated into the native language of the learner. After the grammar presentation, practice questions are included to help the learner check what he or she has learned.

- There are 3 tasks for each chapter which are consistent with the communication skill presented in the chapter objective. The tasks adequately address the four skills of speaking, listening, reading, and writing, and for the beginner stage, a greater emphasis is made on speaking and listening.

- The culture section that pertains to the theme of the chapter and helps in understanding the Korean language includes an explanation and photograph or drawing.

- As a supplement, translation, grammar practice, listening script, sample answers and index are provided for the learner's confirmation of the chapter's contents and self-study of the targeted grammar lessons.

- The sample answers present the answers to the vocabulary and grammar practice. When needed, sample answers to the tasks are also illustrated.

- In the index of vocabulary and grammar, the new vocabulary, including the vocabulary related to themes, and grammar lessons are organized in Korean alphabetical order.

凡例

- ‘3週完成延世韓国語4’は短期間に韓国語を学ぼうとする外国人および在外同胞の学習者のための中級段階の教科書で、中級段階で必ず知らなくてはてはいけないテーマを中心に扱い、これといっしょに必須の語彙や文法、考え方を紹介しながら韓国についての理解を広げようとしている。

- ‘3週完成延世韓国語4’は5名の主要人物が登場し、登場人物の日常生活を中心に本文の会話内容を15の課で構成した。

- 本教材は課名、学習目標、イラストと導入質問、会話、語彙、文法、発音、課題、文化で構成されている。

- 各課のタイトルは本文の会話内容の中の主要な文章で示した。

- 各課の目標は該当の課で学習しなくてはならないコミュニケーション機能や課題を中心に示し、学習者たちの学習動機を誘発し、課に対する理解を促進させるのに役立つようにした。

- 本文の会話は各課のテーマに関連した一番典型的で代表的な会話の状況を設定しようと努力し、6~10つの文章、3組の会話で構成した。会話の前にはテーマに関連したイラストと質問を入れ学習者たちが会話内容に興味をもって接することができるよう誘導した。

- 読解課題で注意しなくてはならない発音は別に示し、正確な発音を練習できるようにした。

- 本文の会話内容を英語、日本語、中国語で示し、学習者が会話の脈絡や状況および内容を易しく理解できるようにした。

- 語彙は各課のテーマ別に必ず知らなくてはならない語彙を選定して示し、関連イラストとをいっしょに示して意味を簡単に理解できるようにした。'3週完成延世韓国語4'で示した単語は325語である。

- 文法は各課に示した重要な文法や文型の意味や用法を学習者の母国語で説明するとともに、韓国語と学習者の母国語で翻訳された例文を示した。文法提示のあとには練習問題を付け加え勉強した内容を学習者が点検できるようにした。

- 課題は学習目標で示したコミュニケーション機能に一致するもので各課ごとに３つずつ示した。課題は話す、聞く、読む、書くの4機能を適切に行えるように提示し、中級課程で要求される話す、聴くの比重を高く構成した。

- 文化は課のテーマに関連し韓国語を理解するのに役に立つ場合に文化コンテンツを説明、写真、絵などを通じて示した。

- 付録で翻訳、文法活用練習、聞取りスクリプト，模範答案と索引をもうけ、学習者が該当の課の内容が確認できるようにするとともに目標文法を自習することができるようにした。

- 模範答案は語彙や文法練習の模範答案を示し、必要な場合、課題の模範答案も例示した。

- 語彙と文法索引では各課で扱われた本文の新出単語、テーマに関連した語彙主要文法をそれぞれカナタ順で整理して示した。

凡例

- ‘3周速成延世韩国语4’是为了给在短时间内学习韩语的外国人及侨胞学习者而编写的中级阶段教材。教材以中级阶段必须掌握的主题为中心，包括了该阶段必须的词汇和语法,并通过对文化和思维方式的介绍来加深学生对韩国的了解。

- ‘3周速成延世韩国语4’中有5名主要人物登场，对话内容皆以这5名人物的日常生活为中心而展开,来组成15篇课文。

- 本教材以题目、学习目标、插话及导入问题、对话、词汇、语法、课堂练习、发音，还有文化构成。

- 每课的题目是课文对话内容中的一个重要句子。

- 每课的目标展示的是学习者在该课所应该掌握的交际技能以及课堂练习，来诱发学习者的学习动机，帮助促进对课文的理解。

- 课文对话致力于设定与每课主题相关的最为典型、最具代表性的对话情景，一般由6~10个句子，即3组对话构成。在对话前面加入题目及相关的插话和提问，可以使学习者对对话内容产生兴趣。

- 将阅读练习中应该注意的发音另外加以展示，可以使学习者练习正确的发音。

- 将课文对话的内容加入英语、日语、汉语翻译，可以帮助学习者更容易地掌握对话的脉络、情况及内容。

- 词汇部分的设定，一般是各课的主题下所必须掌握的词汇，配上相关的插话，可以帮助学习者更容易地理解其意思。'3周速成延世韩国语4'中共有325个单词。

- 语法部分，将各课对话中所包含的重要语法或句型的意思及用法，用学习者的母语进行说明，并同时给出韩语例子及学习者的母语翻译。在语法说明之后加上相应的练习，可以帮助学习者对所学内容进行检验。

- 课堂练习部分，与学习目标中所提出的交际技能想呼应，每课共有3项练习。练习部分注重听、说、读、写四种技能的训练，并与中级课程的要求相配合，侧重于听和说的练习。

- 文化部分主要是与各课主题相关的，能帮助理解韩语的内容，包括文化内容的说明、照片、图片等。

- 标准答案部分主要是给出了词汇及语法练习的答案，必要时也包括了课堂练习标准答案。

- 附录包括翻译、语法练习、听力原文、标准答案和索引，以便学习者能够确认相应单元的内容，同时也能够对目标语法进行自学。

- 词汇与语法索引部分，对每课出现的课文新词汇、与主题相关的词汇及主要语法项目以'가나다'的顺序进行整理展示。

- 汇与语法索引部分，对每课出现的课文新词汇、与主题相关的词汇及主要语法项目以'가나다'的顺序进行了整理，并同时给出了其出现的页数情况。

Contents Map

Chapter	Title	Task	Vocabulary	Grammar
1	I've been learning Korean for 6 months	Task 1 Introduce yourself Task 2 Read about and write an introduction to a personally valuable item Task 3 Listen to and give self introductions in a variety of situations	Vocabulary related to school majors	-은 지 -기는 하지만
2	I'm quite used to it now	Task 1 Ask how someone is doing Task 2 Read and write an email that gives regard. Task 3 Listen to and speak in a dialogue about giving regards	Vocabulary related to giving your regards	-어지다 -겠군요
3	Can you share your book with me?	Task 1 Talk about school life Task 2 Read and write an introduction about a classmate Task 3 Listen to and speak in a dialogue about school life	Vocabulary related school life	에다가 -어도 되다
4	If you want to enter the library, you would need a student ID	Task 1 Ask about using school facilities Task 2 Read and write about an introduction to a school facility frequently visited Task 3 Listen to and speak in a dialogue about using school facilities	Vocabulary related to the library	-어야 하다 -으려면
5	Are we allowed to take pictures in the museum?	Task 1 Explain how to use a museum Task 2 Read and write about a visit to a museum Task 3 Listen to and speak in a dialogue about a museum visit	Vocabulary related to museums	-나요? -으면 안 되다
6	I didn't know you just can't sit anywhere	Task 1 Talk about etiquette regarding subway use Task 2 Read and write about writing of interesting subway station Task 3 Listen to and speak in a dialogue about using the subway	Vocabulary related to the subway	-는데 아무
7	After you fry the kimchi, add the rice	Task 1 Describe how to cook something Task 2 Read and write about a method of how to cook a dish Task 3 Listen to and share an introduction to a dish and directions on how to cook it	Vocabulary related to cooking	격식체 반말 -다가

Chapter	Title	Task	Vocabulary	Grammar
8	Did you have a good time at your friend's house?	Task 1 Talk about your country's table etiquette Task 2 Read and write about something that happens during a meal Task 3 Listen to and speak in a dialogue about table etiquette	Vocabulary related to setting the table	-었다가 -으니까
9	I think you'll look taller with it on	Task 1 Persuade someone about clothes that match a situation Task 2 Read and write about important things to consider when buying clothes Task 3 Listen to and speak in a dialogue about shopping	Vocabulary related to types of clothes	-어 보이다 ㅅ 동사
10	I'm not sure if my friends will like the souvenirs	Task 1 Give an appropriate recommendation to another person Task 2 Read an advertisement for a gift and write one Task 3 Listen to and speak in a dialogue about recommendations for gifts	Vocabulary related to gifts	-어 가지고 -을지 모르겠다
11	I'm thinking of just resting at home this weekend	Task 1 Make weekend plans Task 2 Read and write about things done over the weekend Task 3 Listen to and speak in a dialogue about a variety of weekend plans	Vocabulary related to plans	-을까 하다 -지 말고
12	I decided to go to the concert with my friend	Task 1 Make an appointment about where to meet a friend over the weekend Task 2 Read and write about an experience when an appointment was broken Task 3 Listen to and speak in a dialogue about appointments	Vocabulary related to appointments	-기로 하다 -는데요?
13	The Namdaemun Market place has everything	Task 1 Give information about a tourist attraction in Seoul Task 2 Read and write about an introduction to a memorable tourist attraction in Seoul Task 3 Listen to and speak in a dialogue about touring in Seoul	Vocabulary related to touring	-을지 -을지 -이든지
14	There's no place with beautiful scenary like Jeju Island	Task 1 Request information about a travel location Task 2 Read and write about a desired place of travel in Korea Task 3 Listen to and speak in a dialogue about travel information	Vocabulary related to traveling	만큼 -는지 알다 /모르다
15	Even though it may be tough, it will be a good experience	Task 1 Talk about a memorable trip Task 2 Read and write about a particular trip Task 3 Listen to and speak in a dialogue about a travel experience	Vocabulary related to types of travel	-어서 그런지 -어도

内容構成

単元	タイトル	課題	語彙	文法
1	韓国語を学んで6ヶ月になりました	課題1 自己紹介をする 課題2 自分の大切な物を紹介する文を読んで書く 課題3 いろいろな状況での自己紹介を聞いて話す	専攻に関連する語彙	-은 지 -기는 하지만
2	今はかなり慣れてきました	課題1 近況、安否を尋ねる 課題2 近況メールを読んで書く 課題3 近況や安否に関する会話を聞いて話す	近況、安否に関連する語彙	-어지다 -겠군요
3	本を一緒に見てもいいですか	課題1 学校生活について話す 課題2 クラスメートを紹介する文を読んで書く 課題3 学校生活についての会話を聞いて話す	学校生活に関連する語彙	에다가 -어도 되다
4	図書館に入るためには学生証がなくてはなりません	課題1 学校の施設の利用について問い合わせる 課題2 よくいく学校の施設を紹介する文を読んで書く 課題3 学校の施設の利用についての問い合わせを聞いて話す	図書館に関連する語彙	-어야 하다 -으려면
5	展示室の中で写真を撮ってもいいですか	課題1 博物館の利用方法を説明する 課題2 博物館の観覧についての文を読んで書く 課題3 博物館観覧についての会話を聞いて話す	博物館に関連する語彙彙	-나요? -으면 안 되다
6	どこにでも座ってはいけないんですね	課題1 地下鉄利用マナーについて話す 課題2 面白い地下鉄駅についての文を読んで書く 課題3 地下鉄利用についての話を聞いて話す	地下鉄に関連する語彙	-는데 아무
7	キムチを炒める途中でご飯を入れて	課題1 食べ物を作る方法を説明する 課題2 食べ物を作る方法を読んで書く 課題3 食べ物の紹介と作る方法を聞いて話す	料理に関連する語彙	격식체 반말 -다가

単元	タイトル	課題	語彙	文法
8	友達の家に行ってきましたか	課題1 自分の国の食事のマナーについて話す 課題2 食事の間に起こったことを読んで書く 課題3 食事のマナーについての会話を聞いて話す	お膳に関連する語彙	-었다가 -으니까
9	この服を着たら背が高く見えそう	課題1 状況に合う服を勧める 課題2 服を買うとき重要だと思うことを読んで書く 課題3 ショッピング関連の会話を聞いて話す	服の種類の語彙	-어 보이다 ㅅ 동사
10	記念品を友達が気に入るかどうかわかりません	課題1 相手にぴったりのプレゼントを勧める 課題2 プレゼントの広告を読み広告を作る 課題3 プレゼントを勧める会話を聞いて話す	プレゼントに関連する語彙	-어 가지고 -을지 모르겠다
11	週末はずっと家で休もうかと思います	課題1 週末の計画を立てる 課題2 週末にしたことを読んで書く 課題3 様々な週末の計画についての会話を聞いて話す	計画に関連する語彙	-을까 하다 -지 말고
12	友達と一緒に音楽会に行くことにした	課題1 週末に友達と会う約束をする 課題2 約束を守れなかった経験を読んで書く 課題3 約束に関する会話を聞いて話す	約束に関連する語彙	-기로 하다 -는데요?
13	南大門市場にはなんでも全部あります	課題1 ソウルの観光地を案内する 課題2 記憶に残るソウルの観光地を紹介する文を読んで書く 課題3 ソウルの観光についての会話を聞いて話す	観光に関連する語彙	-을지 -을지 -이든지
14	済州島ほど風景が美しいところもありません	課題1 旅行地についての情報を求める 課題2 韓国で旅行したいところを読んで書く 課題3 旅行情報関連の会話を聞いて書く	旅行に関連する語彙	만큼 -는지 알다 /모르다
15	大変でも良い経験になるでしょう	課題1 記憶に残る旅行について話す 課題2 特別な旅行について文を読んで書く 課題3 旅行の経験についての会話を聞いて話す	旅行の種類に関連する語彙	-어서 그런지 -어도

内容构成

课	题目	课堂练习	词汇	语法
1	学了6个月的韩语了	课堂练习1 介绍自己 课堂练习2 阅读介绍自己最珍贵的东西的文章并写作 课堂练习3 听各种情况下的自我介绍并说一说	有关专业的词汇	-은 지 -기는 하지만
2	现在变得熟悉多了	课堂练习1 问候 课堂练习2 阅读问候的邮件并写作 课堂练习3 听关于问候的对话并说一说	有关问候的词汇	-어지다 -겠군요
3	可以一起看一下书吗?	课堂练习1 说一说学校生活 课堂练习2 阅读介绍班级朋友的文章并写作 课堂练习3 听关于学校生活的对话并说一说	有关学校生活的词汇	에다가 -어도 되다
4	如果想进图书馆的话，必须有学生证	课堂练习1 对学校设施使用进行提问 课堂练习2 阅读介绍经常去的学校设施的文章并写作 课堂练习3 听对学校设施使用的提问并说一说	有关图书馆的词汇	-어야 하다 -으려면
5	博物馆内可以拍照吗?	课堂练习1 说明使用博物馆的方法 课堂练习2 阅读关于参观博物馆的文章并写作 课堂练习3 听关于参观博物馆的对话并说一说	有关博物馆的词汇	-나요? -으면 안 되다
6	原来不是任何地方都能坐的啊	课堂练习1 说一说使用地铁的礼仪 课堂练习2 阅读关于有意思的地铁站的介绍并写作 课堂练习3 听关于使用地铁的材料并说一说	有关地铁的词汇	-는데 아무
7	我把泡菜炒一下后入米饭	课堂练习1 说明做菜的方法 课堂练习2 阅读介绍烹调方法的文章并写作 课堂练习3 听介绍烹调方法的材料并说一说	有关料理的词汇	격식체 반말 -다가

课	题目	课堂练习	词汇	语法
8	你去朋友家了吗?	课堂练习1 说一说自己国家的用餐礼节 课堂练习2 阅读在用餐中发生的事情并写作 课堂练习3 听关于用餐礼节的对话并说一说	有关餐桌摆放的词汇	-었다가 -으니까
9	穿起来会显得个儿高	课堂练习1 劝说穿适合情况的衣服 课堂练习2 阅读买衣服时需要重点考虑的东西并写作 课堂练习3 听有关购物的对话并说一说	有关衣服种类的词汇	-어 보이다 ㅅ 동사
10	不知道纪念品合不合朋友的心意	课堂练习1 给对方推荐合适的礼物 课堂练习2 阅读关于礼物的广告并制作广告 课堂练习3 听关于推荐礼物的对话并说一说	有关礼物的词汇	-어 가지고 -을지 모르겠다
11	我正考虑周末就在家休息呢	课堂练习1 制定周末计划 课堂练习2 阅读周末做的事并写作 课堂练习3 听关于各种有关周末计划的对话并说一说	有关计划的词汇	-을까 하다 -지 말고
12	我约朋友一起去听音乐会	课堂练习1 和朋友约定周末见面 课堂练习2 阅读不能守约的经历并写作 课堂练习3 听有关约会的对话并说一说	有关约会的词汇	-기로 하다 -는데요?
13	南大门市场里不管什么东西都有	课堂练习1 为首尔观光地做向导 课堂练习2 阅读介绍留在记忆中的首尔观光地的文章并写作 课堂练习3 听关于首尔观光的对话并说一说	有关观光的词汇	-을지 -을지 -이든지
14	没有地方像济州岛一样有那么美丽的风景了	课堂练习1 取得旅游地的相关信息 课堂练习2 阅读关于在韩国想去的地方的文章并写作 课堂练习3 听关于旅游信息的材料并说一说	有关旅行的词汇	만큼 -는지 알다/모르다
15	尽管很累，但会成为一段很好的经历的	课堂练习1 说说留下记忆的旅行 课堂练习2 阅读关于特别的旅行的文章并写作 课堂练习3 听关于旅游经历的对话并说一说	有关旅游种类的词汇	-어서 그런지 -어도

Table of Contents

目次

目录

부록

제 1 과

한국말을 배운 지 6개월 됐어요

I've been learning Korean for 6 months

韓国語を学んで6ヶ月になりました

学了6个月的韩语了

- **Objectives** to be able to introduce myself
- **Vocabulary** the study of law, to major in, pronunciation, to get along
  Vocabulary related to school majors
- **Grammar** -은 지, -기는 하지만
- **Task** Introduce yourself
  Read about and write an introduction to a personally valuable item
  Listen to and give self introductions in a variety of situations

- 学習目標 自己紹介ができる
- 語彙 法学、専攻する、発音、過ごす
  専攻に関連する語彙
- 文法 -은 지, -기는 하지만
- 課題 自己紹介をする
  自分の大切な物を紹介する文を読んで書く
  いろいろな状況での自己紹介を聞いて話す

- 学习目标 能够介绍自己
- 词汇 法学，专业，发音，相处
  有关专业的词汇
- 语法 -은 지, -기는 하지만
- 课堂练习 介绍自己
  阅读介绍自己最珍贵的东西的文章并写作
  听各种情况下的自我介绍并说一说

EN

Yuri	Hello. I'm Yuri from Japan.
Youngju	I'm Youngju Lee. I'm majoring in Law.
Yuri	I came to study Korean. I've been learning Korean for 6 months.
Youngju	Isn't it difficult learning Korean?
Yuri	The pronunciation is a bit difficult but I'm enjoying it.
Youngju	It's nice meeting you. I hope we get along well.

JP

ユリ	こんにちは。日本から来たユリです。
ヨンジュ	私はイ・ヨンジュです。法学を専攻しています。
ユリ	私は韓国語を学びに来ました。韓国語を学んで6ヶ月になりました。
ヨンジュ	韓国語を学ぶのが難しくないですか。
ユリ	発音が難しいことは難しいですが、面白いです。
ヨンジュ	お会いできてうれしいです。よろしくおねがいします。

CH

有莉	你好！我是来自日本的有莉。
英珠	我是李英珠。在读法学专业。
有莉	我是来学习韩语的。已经学了6个月的韩语了。
英珠	韩语学起来不难吗?
有莉	虽然发音很难，但是很有意思。
英珠	见到你很高兴。我们好好相处吧。

문법

1 -은/ㄴ 지

- This is placed after an action verb stem and is used to show how much time has passed after you have done something.
- When an action verb stem ends with a consonant, use '-은 지'. When the stem ends with a vowel, use '-ㄴ 지'.

  - It's been 2 months since I've come to Korea.
  - I've been learning Japanese for one year.
  - I've been working here for 6 months.
  - It's only been one hour since I've eaten lunch.

- 動詞の語幹の後に付きある事をした後に時間がどのくらい経ったのかを表す。
- 子音で終わる動詞の語幹の後には'-은 지'を、母音で終わる動詞の語幹の後には'-ㄴ 지'を使う。

  - 韓国に来てから2ヶ月になりました。
  - 日本語を学んでから1年になりました。
  - ここで働いて6ヶ月になりました。
  - お昼ごはんを食べてから一時間しか経っていません。

- 用于动词词干后，表示做某事所经过的时间。
- 以辅音结尾的动词词干后加'-은 지'，以元音结尾的动词词干后加'-ㄴ 지'。

  - 我来韩国2个月了。
  - 我学了1年的日语了。
  - 我在这儿工作6个月了。
  - 吃完午饭才1个小时。

2 -기는 하지만

- This is placed after an action verb or descriptive verb stem and is used to confirm a previous statement but highlight a contradicting statement in the following clause.

  - Korean songs are difficult but a lot of fun.
  - I do eat spicy food but I don't like it very much.
  - I do exercise a lot but I don't lose weight.
  - That restaurant is expensive but the food is very delicious.

- 動詞や形容詞の語幹の後で前の内容を認めながらも相反する内容を後ろで強調するとき使う。

  - 韓国の歌が難しいことは難しいですが面白いです。
  - 辛い食べ物を食べることは食べますが、好きではありません。
  - 運動を一所懸命することはしますが、痩せません。
  - その食堂の食物が高いことは高いですがとても美味しいです。

- 用于动词或形容词词干后，表示虽然承认前面的内容，但在后面加上了与其相反的内容。

  - 虽然韩国歌很难，但是很有意思。
  - 虽然我能吃辣的菜，但是不喜欢。
  - 虽然我很努力地做运动，但是没瘦。
  - 虽然那家食堂的菜很贵，但是很好吃。

제2과

이제는 많이 익숙해졌어요
I'm quite used to it now
今はかなり慣れてきました
现在变得熟悉多了

- **Objectives** to be able to ask about a person's health and give an answer
- **Vocabulary** after a long time, school life, to get used to
  Vocabulary related to giving your regards
- **Grammar** -어지다, -겠군요
- **Task** Ask how someone is doing
  Read and write an email that gives regard.
  Listen to and participate in a conversation about giving regards

- 学習目標 近況、安否を聞いて答えることができる
- 語彙 久しぶり、学校生活、慣れる
  近況、安否に関する語彙
- 文法 -어지다, -겠군요
- 課題 近況、安否を尋ねる
  近況メールを読んで書く
  近況や安否に関する会話を聞いて話す

- 学习目标 能够问候并回答
- 词汇 好久没-，学校生活，熟悉
  有关问候的词汇
- 语法 -어지다, -겠군요
- 课堂练习 问候
  阅读问候的邮件并写作
  听关于问候的对话并说一说

EN

Jieun	Yuri, it's been long time since we've met.
Yuri	Yes, it's great to see you. How have you been?
Jieun	I've been doing fine. So, Yuri, how's school life?
Yuri	It was difficult in the beginning, but I'm quite used to it now.
Jieun	I'm sure you've made many friends, too.
Yuri	Yes, it's a lot of fun because I have friends from many different countries.

JP

ジウン	ユリさん、久しぶりです。
ユリ	はい、会えてうれしいです。お元気でお過ごしでしたか。
ジウン	私は元気でしたよ。ところでユリさんの学校生活はどうですか。
ユリ	初めはちょっと大変でしたが今はかなり慣れてきました。
ジウン	友達もたくさんできたんでしょうね。
ユリ	はい、いろいろな国の友達がいてとても面白いです。

CH

知恩	有莉，好久不见了。
有莉	是啊，见到你很高兴。这段时间过得怎么样？
知恩	我过得很好。那你的学校生活怎么样？
有莉	开始有点儿辛苦，现在变得熟悉多了。
知恩	也交了很多朋友吧！
有莉	是啊，因为各个国家的朋友都有，所以真的很有意思。

문법

1 -어지다/아지다/여지다

- This is placed after a descriptive verb stem and is used to show that the state of the subject has changed from before.
- When the descriptive verb stem ends with a vowel (with the exception of 'ㅏ' and 'ㅗ'), use '-어지다'. When the descriptive verb stem ends with 'ㅏ' or 'ㅗ', use '-아지다'. If the descriptive verb stem ends with '하다', use '-여지다'.

- Living in Korea has become fun.
- I've become more interested in Korean culture.
- The weather is becoming warmer.
- If you practice diligently, your pronunciation will improve.

- 形容詞の語幹の後に付き主語の状態が以前と変わったことを表す。
- 'ㅏ,ㅗ'以外の母音で終わる形容詞の語幹の後には'-어지다'を、'ㅏ,ㅗ'で終わる形容詞の語幹の後には'- 아지다'を、'하다'が付く形容詞の語幹の後には'-여지다'を使う。

- 韓国生活が面白くなりました。
- 韓国の文化に関心が多くなりました。
- 天気がだんだん暖かくなっています。
- 一所懸命練習すれば発音がよくなるでしょう。

- 用于形容词词干后，表示主语的状态变得与从前不同了。
- 除了以元音'ㅏ、ㅗ'结尾的形容词词干后加'-어지다'。以元音'ㅏ、ㅗ'结尾的形容词词干后加'-아지다'。以'하다'结尾的形容词词干后加'-여지다'。

- 韩国生活变得有意思了。
- 对韩国文化的兴趣变大了。
- 天气渐渐变得暖和了。
- 如果努力练习的话，发音会变得越来越好。

2 -겠군요

- This is placed after an action or descriptive verb stem and is used to guess the attitude of someone or situation after listening to a statement.

  - A: I've lived in Korea for 10 years.
    B: I bet you speak Korean very well.
  - A: I only slept for one hour last night.
    B: You must be so tired.
  - A: I'm going on a trip with my friends tomorrow.
    B: I'm sure you'll have so much fun.
  - A: I met a friend from middle school last weekend.
    B: You must have been so happy to meet him.

- 動詞や形容詞の語幹の後に付き、話を聞いて話者の気分や状況を推測するとき使う。

  - A: 私は韓国で10年住みました。
    B: 韓国語が上手でしょうね。
  - A: 昨日一時間しか寝られませんでした。
    B: お疲れでしょうね。
  - A: 明日友達と旅行に行きます。
    B: 面白そうですね。
  - A: 先週末に中学校の時の友だちに会いました。
    B: 会えてうれしかったでしょうね。

- 用于动词或形容词词干后，表示听到说话人的话后，对说话人的心情或情况进行推测。

  - 甲：我在韩国住了10年了。
    乙：韩语一定说得很好吧。
  - 甲：我昨天只睡了1个小时。
    乙：一定很累吧。
  - 甲：我明天要跟朋友去旅行。
    乙：一定会很有意思的。
  - 甲：上周末跟中学时的朋友见面了。
    乙：肯定很高兴吧。

문화

EN

Greetings

When Korean people meet people they know, they greet each other with greetings like, "Where are you headed to?" or "Have you eaten lunch?" When you hear these kinds of greetings, it is fine to give a simple answer of "Oh, something came up," or "Yes, I've eaten lunch."

In addition, when Korean friends are saying goodbye, they say things like, "I'll call you," or "Let's eat some dinner sometime." When you hear these greetings, it's proper to respond with "I'll call you, too," or "Okay, sounds good."

JP

挨拶の言葉

韓国の人たちは知っている人に会ったとき、"どこに行きますか。"、"食事をなさいましたか。"と言います。こういった挨拶の言葉を聞いたときは"はい、用事がありますので。"、"はい、食べました。"と軽く答えるのが良いです。

また、韓国人たちは友達と別れるとき"電話するよ"、"今度一緒にご飯を食べよう"といいます。こういった言葉を聞いたときは"私も連絡するよ"、"いいよ"というように簡単に答えるのが良いです。

CH

问候语

韩国人见到认识的人时，会说"去哪儿啊?"、"吃饭了吗?"之类的话。听到这样的问候语，只需要回答"是啊，有点儿事。"、"是啊,吃过了。"就可以了。

此外，韩国人跟朋友分手的时候会说"我再给你打电话。"、"什么时候一起吃饭啊。"之类的话。听到这样的话时，只需要"我也会再跟你联系的。"、"嗯,好啊。"之类的简单回答就可以了。

제 3 과

책 좀 같이 봐도 돼요?

Can you share your book with me?

本を一緒に見てもいいですか

可以一起看一下书吗?

- **Objectives** to be able to talk about school life
- **Vocabulary** to take, to forget, to leave behind
  Vocabulary related to school life
- **Grammar** 에다가, -어도 되다
- **Task** Talk about school life
  Read and write an introduction about a classmate
  Listen to and participate in a conversation about school life

- 学習目標 学校生活について話すことができる
- 語彙 持っていく、忘れてしまう、置く
  学校生活に関連する語彙
- 文法 에다가, -어도 되다
- 課題 学校生活について話す
  クラスメートを紹介する文を読んで書く
  学校生活についての会話を聞いて話す

- 学习目标 能够谈谈学校生活
- 词汇 带走，忘记，放
  有关学校生活的词汇
- 语法 에다가, -어도 되다
- 课堂练习 说一说学校生活
  阅读介绍班级朋友的文章并写作
  听关于学校生活的对话并说一说

EN

Stefan	Yuri, did you see a textbook in the classroom this morning?
Yuri	No, I didn't. You didn't take it with you yesterday?
Stefan	No. I forgot and left it in the classroom but now it's lost.
Yuri	If you had written your name on the textbook, you will be able to find it.
Stefan	I'm sorry to bother you, but can you share your book with me today?
Yuri	Sure. Let's share.

JP

シュテファン	ユリさん、今朝教室で教科書を一冊見ませんでしたか。
ユリ	見ませんでしたよ。昨日本を持っていかなかったんですか。
シュテファン	はい、忘れてしまって教室に置いていったんですがなくなりました。
ユリ	本に名前を書いてあったなら見つけることができるでしょう。
シュテファン	すみませんが、今日本を一緒に見てもいいですか。
ユリ	はい、一緒に見ましょう。

CH

史蒂芬	有莉，今天早上在教室没看到一本教科书吗?
有　莉	没看到啊。你昨天没把书带走吗?
史蒂芬	是啊，我忘记了，把它放在教室里就不见了。
有　莉	如果在书上写了名字的话，会找到的。
史蒂芬	不好意思，今天可以一起看一下书吗?
有　莉	可以啊，一起看吧。

문법

1 에다가

- This is placed after a noun and is used when you need to add something to a space or item. It is used together with verbs like '걸다, 꽂다, 넣다, 놓다, 쓰다, 적다, and 붙이다'. You may also use the shortened form of '에' or '에다'.

  - Please place your book on the desk.
  - Please write your name over here.
  - I put a picture on the wall.
  - Please put some sugar in the coffee.

- 名詞の後に付きある空間や対象に違うものを加えることを表す。'걸다(掛ける), 꽂다(挿す), 넣다(入れる), 놓다(置く), 쓰다(書く), 적다(メモする), 붙이다(貼る)'などの他動詞と一緒に使われる。'에'または '에다'と短くして使うこともできる。

  - 机に本を置いてください。
  - ここに名前を書いてください。
  - 壁に写真を貼りました。
  - コーヒーに砂糖を入れてください。

- 用于名词后，表示在某个空间或是对象上加上别的事物。与'걸다(挂)、 꽂다(插)、넣다(放)、놓다(放)、쓰다(写)、적다(记)、붙이다(贴)'等及物动词连用，'에'也可以写作'에다'。

  - 请把书放在书桌上。
  - 请把名字写在这里。
  - 把照片贴在墙上了。
  - 请在咖啡里加糖。

문법

2 -어도/아도/여도 되다

- This is placed after an action verb stem and is used to show permission or approval for a certain behavior or condition.
- If the action verb stem ends with a vowel (with the exception of 'ㅏ or ㅗ', use '-어도 되다'. If the action verb stem ends with 'ㅏ or ㅗ', use '-아도 되다'. When the action verb stem ends with '하다', use '-여도 되다'.

- You may sit here.
- We can leave a little late.
- May I eat this food?
- Can I give you a call tonight?

- 動詞の語幹の後に付きある行為や状態に対した許可や許容を表す。
- 'ㅏ,ㅗ'以外の母音で終わる動詞の語幹の後には'-에도 되다'を、'ㅏ,ㅗ'で終わる動詞の語幹の後には'-어도 되다'を、'하다'が付く動詞の語幹の後には'-여도 되다'を使う。

- ここに座ってもいいです。
- 少し遅く出発してもいいです。
- その食べ物は食べてもいいですか。
- 今夜電話をしてもいいですか。

- 用于动词词干后，表示对某种动作行为或状态的许可或容许。
- 除以元音'ㅏ、ㅗ'结尾的动词词干后加'-어도 되다'。以元音'ㅏ、ㅗ'结尾的动词词干后加'-아도 되다'。以'하다'结尾的动词词干后加'-여도 되다'。

- 这里可以坐。
- 可以晚一点儿出发。
- 我可以吃那个菜吗?
- 今天晚上可以给你打电话吗?

EN

University Clubs

A club is a gathering of college students who have the same interests in a certain category. In every university, there are a variety of clubs such as dance, theater, movie, singing, photography, etc. If you participate in club activities, you can go on trips with your friends, and you can even perform at the school festival. You can get all the information about the clubs on the school's homepage, and anyone who is a student can freely sign-up.

JP

大学のサークル

サークルはある分野に同じく関心を持っている大学生たちの集まりです。大学ごとにダンス、演劇、映画、歌、写真サークルなど様々なサークルがあります。サークル活動をすると友達と旅行にも行き学校祭で公演をしたりもします。サークル紹介は学校のホームページで見ることができ学生なら誰でも自由に加入できます。

CH

大学里的社团

社团是由具有相同爱好的大学生聚集在一起组成的组织。每个大学里都有舞蹈、戏剧、电影、歌曲、摄影等大量的社团。参加社团活动的话，可以跟朋友们一起去旅行，还可以参加学校庆典的公演活动。你可以在学校的网页上查看介绍社团的信息。只要是学生，无论是谁，都可以自由申请。

제4과

도서관에 들어가려면 학생증이 있어야 해요

If you want to enter the library, you would need a student ID

図書館に入るためには学生証がなくてはなりません

如果想进图书馆的话，必须有学生证

- **Objectives** to be able to ask about using school facilities
- **Vocabulary** staff worker, to use, homepage, in detail
  Vocabulary related to the library
- **Grammar** -어야 하다, -으려면
- **Task** Ask about using school facilities
  Read and write about an introduction to a school facility frequently visited
  Listen to and participate in a conversation about using school facilities

- 学習目標 学校施設の利用について問い合わせができる
- 語彙 職員、利用する、ホームページ、詳しく
  図書館に関連する語彙
- 文法 -어야 하다, -으려면
- 課題 学校の施設の利用について問い合わせる
  よくいく学校の施設を紹介する文を読んで書く
  学校の施設の利用についての問い合わせを聞いて話す

- 学习目标 能够就学校设施使用进行提问
- 词汇 职员，使用，主页，仔细地
  有关图书馆的词汇
- 语法 -어야 하다, -으려면
- 课堂练习 对学校设施使用进行提问
  阅读介绍经常去的学校设施的文章并写作
  听对学校设施使用的提问并说一说

EN

Michael	Excuse me. I would like to ask a question.
Staff worker	What is your question?
Michael	I would like to use the school library. What do I need to do?
Staff worker	If you want to enter the library, you would need a student ID.
Michael	From what time to what time may I use it?
Staff worker	It's open from 9 am to 10 pm. You can get details if you go on our homepage.

JP

マイケル	失礼します。ちょっと聞きたいことがあるんですが。
店員	なんですか。
マイケル	学校の図書館を利用したいんですが、どうすれば良いですか。
店員	図書館に入るためには学生証がなくてはなりません。
マイケル	何時から何時まで利用できますか。
店員	午前9時から午後10時まで開いています。ホームページをご覧になったら詳しくわかります。

CH

麦　克	打扰一下。我想问个问题。
职　员	您有什么事吗？
麦　克	我想使用学校的图书馆，应该怎么做呢？
职　员	如果想进图书馆的话，必须有学生证。
麦　克	从几点到几点可以使用呢？
职　员	从上午9点到下午10点是开门的。如果查看主页，就可以了解到详细的内容。

문법

1 -어야/아야/여야 하다

- This is placed after an action or descriptive verb stem and is used to show a necessary condition or obligatory action in order to do something or create a situation. You may also use '-어야 되다' interchangeably.
- If the action or descriptive verb stem ends with a vowel (with exception of 'ㅏ and ㅗ'), use '-어야 하다'. If the stem ends with 'ㅏ or ㅗ', use '-아야 하다'. If the stem ends with '하다', use '-여야 하다'.

- I need to finish this work by today.
- You need to wait for a long time because there are so many people.
- I need to quit smoking because my health is undermined.
- We need to leave early because the traffic is bad.

- 動詞や形容詞の語幹の後に付き、あることをしたり、状況になるための必須的な条件や義務的な行為を表すときに使う。'-어야 되다'と置き換えて使うことができる。
- 'ㅏ,ㅗ'以外の母音で終わる動詞や形容詞の語幹の後には'-어야 하다'を、'ㅏ,ㅗ'の母音で終わる動詞や形容詞の語幹の後には'-아야 하다'を、'하다'で終わる動詞や形容詞の語幹の後には'-여야 하다'を使う。

- 今日までにこの仕事を終わらせなければなりません。
- 人が多いので長い間待たなくてはなりません。
- 健康が悪くなったのでタバコを止めなくてはなりません。
- 交通が複雑なので早く出発しなくてはなりません。

- 用于动词或形容词词干后，表示为了做某事或出现某种状态所必须的条件或义务性行为。可以与'-어야 되다'互换使用。
- 除了以元音'ㅏ、ㅗ'结尾的动词或形容词词干后加'-어야 하다'。以元音'ㅏ、ㅗ'结尾的动词或形容词词干后加'-아야 하다'。以'하다'结尾的动词或形容词词干后加'-여야 하다'。

- 今天为止，必须结束这件事。
- 因为人太多了，所以必须等很久。
- 因为身体变得不好，所以必须戒烟。
- 因为交通拥堵，所以必须早点出发。

2 -으려면/려면

- This is placed after an action verb stem and is used to assume a situation when something is intended.
- If the action verb stem ends with a consonant, use '-으려면'. If the stem ends with a vowel, use '-려면'.

- If you want to watch that movie, you need to buy the tickets in advance.
- If you want to buy things at a cheaper price, you need to go the market.
- You need to get there early if you want to get a good seat.
- What bus would I need to get on if I wanted to go to Seoul Station?

- 動詞の語幹の後で、あることをする意図がある場合を仮定するとき使う
- 子音で終わる動詞の語幹の後には'-으려면'を、母音で終わる動詞の語幹の後には'-려면'を使う。

- その映画を見るためには前売りを買わなくてはなりません。
- 物を安く買うためには市場に行ってください
- いい席に座るためには早く行かなくてはなりません。
- ソウル駅に行くためには何番バスに乗らなくてはなりませんか。

- 用于动词词干后，表示对做某事的意图进行假设。
- 以辅音结尾的动词词干后加'-으려면'，以元音结尾的动词词干后加'-려면'。

- 如果想看那部电影的话，必须预购电影票。
- 如果你想更便宜地买东西的话，请去市场。
- 如果想坐好位子的话，必须早点去。
- 如果想去首尔站的话，应该坐几路公共汽车呢？

제 5 과

박물관 안에서 사진을 찍어도 되나요?

Are we allowed to take pictures in the museum?

展示室の中で写真を撮ってもいいですか

博物馆内可以拍照吗?

- **Objectives** to be able to talk about a visit to a museum
- **Vocabulary** guide, to exhibit, museum
  Vocabulary related to museums
- **Grammar** -나요?, -으면 안 되다
- **Task** Explain how to use a museum
  Read and write about a visit to a museum
  Listen to and participate in a conversation about a museum visit

- 学習目標 博物館の観覧について話すことができる
- 語彙 案内員／ガイド、展示する、博物館
  博物館に関連する語彙
- 文法 -나요?, -으면 안 되다
- 課題 博物館の利用方法を説明する
  博物館の観覧についての文を読んで書く
  博物館観覧についての会話を聞いて話す

- 学习目标 能够谈谈参观博物馆的情况
- 词汇 讲解员，展示，博物馆
  有关博物馆的词汇
- 语法 -나요?, -으면 안 되다
- 课堂练习 说明使用博物馆的方法
  阅读关于参观博物馆的文章并写作
  听关于参观博物馆的对话并说一说

EN

Guide	This place exhibits 600 years of Seoul history.
Shaoming	Seoul history has changed so much.
Guide	You may begin viewing from the right side.
Shaoming	Are we allowed to take pictures in the museum?
Guide	No, you may not take pictures.
Shaoming	Okay, I understand.

JP

ガイド	ここは600年ソウルの歴史を展示した場所です。
シャオミン	ソウルの歴史がこんな風に変わっていったんですね。
ガイド	さあ、右側から見学してみてください。
シャオミン	博物館の中で写真を撮ってもいいですか。
ガイド	いいえ、写真を撮ってはいけません。
シャオミン	はい、わかりました。

CH

讲解员	这里是展示首尔600年历史的地方。
小　明	首尔的历史变化是如此之大啊。
讲解员	那么，你们从右边开始参观吧。
小　明	博物馆内可以拍照吗？
讲解员	不行，不能拍照。
小　明	好的，我知道了。

문법

1 -나요?, -은가요/ㄴ가요?

- This is placed after an action or descriptive verb stem and is used to ask a question to someone in a friendly way.
- Use '-나요?' after the action verb stem or '있다, 없다'. If the descriptive verb stem ends with a consonant, use '-은가요?'. If the descriptive verb stem ends with a vowel, use '-ㄴ가요?'.

- What do Korean people do on New Year's Day?
- May I use the internet in the dormitory?
- It's cold over here, but how's the weather in Busan?
- Where is the most famous tourist attraction in Seoul?

- 動詞や形容詞の語幹の後に付き相手にやわらかく質問するとき使う。
- 動詞や'있다, 없다'の語幹の後には'-나요?'を、子音で終わる形容詞の語幹の後には'-은가요?'を、母音で終わる形容詞の語幹の後には'-ㄴ가요?'を使う。

- ソルナル(旧暦1月1日)に韓国人は何をしますか。
- 寄宿舎でインターネットが使えますか。
- ここは寒いですが、プサンは天気がいかがですか。
- ソウルで一番有名な観光地がどこですか。

- 用于动词或形容词词干后，表示委婉地向对方提问。
- 动词或'있다、없다'词干后加'-나요?'，以辅音结尾的形容词词干后加'-은가요?'，以元音结尾的形容词词干后加'-ㄴ가요?'。

- 春节时韩国人都做什么呢？
- 在宿舍能上网吗？
- 这儿很冷，釜山的天气怎么样呢？
- 首尔最有名的旅游地是哪儿呢？

2 -으면/면 안 되다

- This is placed after an action or descriptive verb stem and is used to show that a certain behavior or condition is prohibited or restricted.
- If the action or descriptive verb stem ends with a consonant, use '-으면 안 되다'. If the stem ends with a vowel, use '-면 안 되다'.

- You are not allowed to use the dictionary when taking an exam.
- You must not have loud conversations in the library.
- You must not use your cellphone on the airplane.
- Am I not allowed to smoke here?

- 動詞や形容詞の語幹の後に付きある動作や状態に対し禁止したり提案したりすることを表す。
- 子音で終わる動詞や形容詞の語幹の後には'-으면 안 되다'を、母音で終わる動詞や形容詞の語幹の後には'-면 안 되다'を使う。

- 試験を受けるとき辞書を見てはいけません。
- 図書館でうるさく騒いではいけません。
- 飛行機で携帯電話を使用してはいけません。
- ここでタバコを吸ってはいけませんか。

- 用于动词或形容词词干后，表示禁止或限制某种动作或状态的发生。
- 以辅音结尾的动词或形容词词干后加'-으면 안 되다'，以元音结尾的动词或形容词词干后加'-면 안 되다'。

- 考试的时候，是不可以查词典的。
- 在图书馆里是不可以大声喧哗的。
- 在飞机上是不可以使用手机的。
- 在这儿不可以抽烟吗？

문화

EN

Museums of Seoul

The National Museum of Korea is the largest museum in Korea.

The National Palace Museum of Korea and the National Folk Museum of Korea are next to the Kyungbok Palace. If you visit the National Palace Museum of Korea, you can see the articles that the kings and queens of long ago have used. At the National Folk Museum of Korea, you will be able to see the clothing, food, homes, etc. of the people who lived in the past.

The Seoul Museum of History is a museum that tells you about the history of Seoul.

JP

ソウルの博物館

国立中央博物館は韓国にある博物館の中で一番大きい博物館です。

国立古宮博物館と国立民俗博物館は景福宮の隣にあります。国立古宮博物館にいくと昔の王や王妃が使用したものを見物することができます。国立民俗博物館では昔の人たちの服、食べ物、家などを見ることができます。

ソウル歴史博物館はソウルの歴史を知ることができる博物館です。

CH

首尔的博物馆

国立中央博物馆是韩国所有博物馆中最大的一个博物馆。

国立故宫博物馆和国立民俗博物馆在景福宫的旁边。去国立故宫博物馆的话，你可以参观古代王和王妃使用的东西。在国立民俗博物馆，你可以看到古代人们的衣服、饮食、房子等。首尔历史博物馆是可以了解首尔历史的博物馆。

제6과

아무 데나 앉으면 안 되는군요
I didn't know you just can't sit anywhere
どこにでも座ってはいけないんですね
原来不是任何地方都能坐的啊

- **Objectives** to be familiar with information about the subway and be able to use it
- **Vocabulary** to be empty, priority seating for the elderly or disabled, age, to be uncomfortable, place
  Vocabulary related to the subway
- **Grammar** -는데, 아무
- **Task** Talk about etiquette regarding subway use
  Read and write about writing of interesting Subway station
  Listen to and participate in a dialogue about using the subway

- 学習目標 地下鉄に関する情報に慣れ地下鉄を利用することができる
- 語彙 空く、老弱者席／優先席、年齢(歳の尊敬語)、不便だ、場所(所)
  地下鉄に関連する語彙
- 文法 -는데, 아무
- 課題 地下鉄利用マナーについて話す
  面白い地下鉄駅についての文を読んで書く
  地下鉄利用についての話を聞いて話す

- 学习目标 了解地铁的相关信息并能够使用地铁
- 词汇 空，老弱专席，年纪，不方便，-的地方
  有关地铁的词汇
- 语法 -는데, 아무
- 课堂练习 说一说使用地铁的礼仪
  阅读关于有意思的地铁站的介绍并写作
  听关于使用地铁的材料并说一说

EN

(Public Announcement)

"The next stop is Seoul Station, Seoul Station. You may exit on the right."

Stefan There are some empty seats over there, let's go and sit down.

Youngju Those are priority seats, so we can't sit there.

Stefan Priority seats?

Youngju They are seats for people who are elderly or disabled.

Stefan I didn't know you just can't sit anywhere on the subway.

Youngju We need to get off now, so let's stand near the door.

JP

(案内放送)

"次の駅はソウル駅、ソウル駅です。降りるドアは右側です。"

シュテファン あそこの席が空いたので行って座りましょう。

ヨンジュ あそこは優先席だから座ってはいけません。

シュテファン 優先席ですか。

ヨンジュ 年齢が高い方たちや体が不便な方たちが座る席です。

シュテファン 地下鉄でどこにでも座ってはいけないんですね。

ヨンジュ もう降りなければいけないのでドアのほうに行きましょう。

CH

(指示广播)

"下一站是首尔站，首尔站。下车门在右边。"

史蒂芬 那儿的座位是空的，我们去那儿坐吧。

英 珠 那是老弱专席，不可以坐。

史蒂芬 老弱专席？

英 珠 那是年纪大的人和身体不便的人坐的位子。

史蒂芬 原来在地铁里不是任何地方都能坐的啊。

英 珠 现在该下车了，我们往门边走吧。

문법

1 -는데, -은데/ㄴ데

- This is placed after an action or descriptive verb stem and is used when the speaker explains a situation in the preceding clause, and then gives a command or offers a suggestion in the following clause.
- After an action verb stem, use '-는데'. If a descriptive verb stem ends with a consonant, use '-은데'. If a descriptive verb stem ends with a vowel, use '-ㄴ데'.

- It's raining a lot so be careful while driving.
- Minho can speak English very well, so why don't you ask him.
- It's a bit noisy over here so let's move somewhere else.
- I made some kimbab so please have some.

- 動詞や形容詞の語幹の後に付き前半では話者が知っている状況を説明し、後半ではその状況でできることを命令したり提案する。
- 動詞の語幹の後に'-는데'を、子音で終わる形容詞の語幹の後には '-은데'を、母音で終わる形容詞の語幹の後には'-ㄴ 데'を使う。

- 雨がたくさん降るので運転を気をつけてください。
- ミノが英語が上手だからミノに聞いてみろ。
- ここはちょっとうるさいので他のところにいきましょう。
- 私が海苔巻きを作ったので一度召し上がってみてください。

- 用于动词或形容词词干后，表示在前一句中对说话人已知的情况进行说明，而在后一句中对这一情况下做的事情提出命令或是提议。
- 动词词干后加'-는데'，以辅音结尾的形容词词干后加'-은데'，以元音结尾的形容词词干后加'-ㄴ데'。

- 下大雨了，你开车小心点儿。
- 民浩英语说得很好，问问民浩吧。
- 这儿有点儿吵，我们去别的地方吧。
- 我做了紫菜包饭，请尝尝吧。

문법

2 아무

- This is used when speaking about people or things in general.
- If a noun follows 아무, then '이나/나' is placed after the noun.

 - There are many seats available, so let's just sit anywhere.
 - Since we don't have that much time, let's just eat anything.
 - Will anyone just come and help me?
 - You shouldn't just take any medication.

- ある人や物事などを特別に決めないで話すときに使う。
- 後ろに名詞が来て主に助詞'-이나/나'をつけて使う。

 - 席が多いのでどこでも座りましょう。
 - 時間がないのでなんでもいいから早く食べましょう。
 - だれでも来て手伝ってくれませんか。
 - 薬なら何でも飲んではいけません。

- 用于表示某人或某事物不是特别确定的。
- 后接名词，一般与助词'이나/나'一起使用。

 - 有很多位子，我们随便坐吧。
 - 没有时间了，我们快点儿随便吃点东西吧。
 - 谁都可以，能来帮我一下吗？
 - 不是任何药都能吃的。

제 7 과

김치를 볶다가 밥을 넣어
After you fry the kimchi, add the rice
キムチを炒める途中でご飯を入れて
把泡菜炒一下后放入米饭

- **Objectives** to describe how to cook a dish
- **Vocabulary** kimchi fried rice, to cut/to chop, frying pan, oil, to stir fry
  Vocabulary related to cooking
- **Grammar** 격식체 반말, –다가
- **Task** Describe how to cook something
  Read and write about a method of how to cook a dish
  Listen to and share an introduction to a dish and directions on how to cook it

- 学習目標 食べ物を作る方法が表現できる
- 語彙 キムチチャーハン、刻む、フライパン、油、炒める
  料理に関連する語彙
- 文法 격식체 반말, –다가
- 課題 食べ物を作る方法を説明する
  食べ物を作る方法を読んで書く
  食べ物の紹介と作る方法を聞いて話す

- 学习目标 能够说明做菜的方法
- 词汇 泡菜炒饭，切，平底锅，油，炒
  有关料理的词汇
- 语法 격식체 반말, –다가
- 课堂练习 说明做菜的方法
  阅读介绍烹调方法的文章并写作
  听介绍烹调方法的材料并说一说

EN

Youngju	Hey Yuri, what are you looking so intently at?
Yuri	I'm looking for a recipe for Kimchi fried rice on the internet. Do you know how to make it?
Youngju	Yes, I do. But why Kimchi fried rice?
Yuri	I just wanted to try and make it. So what do I do after I chop the kimchi?
Youngju	You put some oil in a frying pan and after you fry the kimchi, you add rice.
Yuri	Oh, it sounds easy. Thanks for teaching me.

JP

ヨンジュ	ユリ、何をそんなにみているの。
ユリ	インターネットでキムチチャーハンを作る方法を探してるの。作る方法知ってる？
ヨンジュ	うん、知ってるよ。でもキムチチャーハンをなんで。
ユリ	一度作ってみたくて。まずキムチを刻んだ後にどうするの。
ヨンジュ	フライパンに油を入れてキムチを炒める途中でご飯を入れて。
ユリ	とても簡単なのね。教えてくれてありがとう。

CH

英 珠	有莉啊，你在看什么呢？
有 莉	我在网上查做泡菜炒饭的方法呢。你知道做的方法吗？
英 珠	嗯，知道。可是你为什么要做泡菜炒饭呢？
有 莉	我想做一次试试。先切泡菜，之后应该怎么做呢？
英 珠	在平底锅里放上油，把泡菜炒一下后放入米饭。
有 莉	太容易了。谢谢你教我。

문법

1 -는다/ㄴ다, -다, -니?, -어라/아라/여라, -자

- These are placed after an action or descriptive verb stem and are used as official forms of informal speech with familiar people. These are used when speaking to people who are younger or at the same level.
- In the declarative sentence, with an action verb stem that ends with a consonant, use '-는다'. If the action verb stem ends with a vowel, use '-ㄴ다'. In the case of a descriptive verb stem, use '-다'. In the interrogative form, the action or descriptive verb stem is followed by '-니?' In the command form, when the action verb stem ends with a vowel (with exception to 'ㅏ and ㅗ'), use '-어라'. When the action verb stem ends with the vowels 'ㅏ or ㅗ', use '-아라'. When the action verb stem ends with '하다', use '-여라'. In the first person suggestive form, the action verb is followed by '-자'.

- I wake up every day at 7 o'clock.
- Youngsu, take your umbrella because it's raining.
- Misun, do you have time tonight?
- Let's go watch a movie together after class.

- 動詞や形容詞の語幹の後に付いて使う格式のパンマル語尾である。下の人や同等の人に話すとき使う。
- 平叙形は子音で終わる動詞の語幹の後に'-는다'を、母音で終わる動詞の語幹の後には'-ㄴ다'を、形容詞の語幹の後には'-다'を使う。疑問形は動詞や形容詞の語幹の後に'-니?'を使う。命令形は'ㅏ,ㅗ'以外の母音で終わる動詞の語幹の後には'-어라'を、'ㅏ,ㅗ'の母音で終わる動詞の語幹の後には'-아라'を、'하다'で終わる動詞の語幹の後ろには'-여라'を使う。勧誘形は動詞の語幹の後に'-자'を使う。

- 私は毎日7時に起きる。
- ヨンス、雨が降るから傘を持って行って。
- ミソン、今日の夜時間ある？
- 授業が終わったら一緒に映画を見よう。

- 用于动词或形容词词干后的格式体非敬语词尾。一般用于跟晚辈、下级或同级的对话中。
- 陈述句中，以辅音结尾的动词词干后加'-는다'，以元音结尾的动词词干后加'-ㄴ다'。形容词词干后加'-다'。疑问句中，动词或形容词词干后加'-니?'。命令句中，除了以元音'ㅏ、ㅗ'结尾的动词词干后加'-어라'。以元音'ㅏ、ㅗ'结尾的动词词干后加'-아라'。以'하다'结尾的动词词干后加'-여라'。共动句中，动词词干后加'-자'。

- 我每天7点起床。
- 英秀啊，下雨了，带上雨伞吧。
- 美善啊，今天晚上有时间吗？
- 下课以后一起看电影吧。

문법

2 -다가

- This is placed after an action verb stem to show how a certain action or condition has stopped and has changed into a different action or condition. The subject in the first and second clause must be the same.

  - I was taking a short break from reading a book.
  - After going straight, take a right turn at the intersection.
  - I was taking swimming lessons but quit because it was too difficult.
  - I was studying but because my head hurt, I stepped outside.

- 動詞の語幹の後ろで、ある動作や状態が中断され他の動作や状態に変わることを表す。前と後ろの文章の主語は同じでなければならない。

  - 本を読んでいた途中で少し休んでいました。
  - まっすぐに行ったところで交差点で右側に行ってください。
  - 水泳を学んでいたのですがとても難しくて止めました。
  - 勉強をしていたのですが頭が痛くて外に出ました。

- 用于动词词干后，表示某种动作或状态中断后，变为其他动作或状态。前一小和后一句的主语必须一致。

  - 读了一下书，稍微休息了一会儿。
  - 直走后在十字路口往右走。
  - 学了一下游泳，因为太难所以放弃了。
  - 学习了一下，因为头疼所以出去了。

EN

The Food You Eat on Special Days in Korea

In Korea, you eat special foods on days like New Year's, Thanksgiving, birthdays, etc. On their birthdays, Koreans eat seaweed soup, which is a custom that began from when their mothers ate seaweed soup after giving birth.

On New Year's Day, people eat rice cake soup made with white rice cake pieces and wish for good health for the rest of the year. On Thanksgiving Day, the whole family gathers to make songpyun rice cakes and then eat them together.

JP

韓国で特別な日に食べる食べ物

韓国では旧正月、秋夕、誕生日のような日に特別な食べ物を食べます。

誕生日にワカメスープを食べる風習は母親が子供を生んでワカメスープを食べることから始まりました。

旧正月には白い餅で作った雑煮を食べ健康に1年を過ごせるように祈ります。秋夕には家族みんなが集まってソンピョン(松の葉をしいて蒸した餡がはいっている餅)をきれいに作って食べます。

CH

韩国特殊日子里吃的食物

在韩国，春节、中秋节、生日等日子都要吃特别的食物。

生日的时候喝海带汤的风俗起源于母亲生完孩子后喝海带汤的习惯。

春节时，要吃用白年糕做的年糕汤，希望即将到来的一年里能够健康地度过。

中秋节时，家人们团聚在一起，做漂亮的松饼并一起享用。

제8과

친구 집에 잘 갔다가 왔어요?

Did you have a good time at your friend's house?

友達の家に行ってきましたか

你去朋友家了吗?

- **Objectives** to understand and talk about Korean table etiquette
- **Vocabulary** to be happy to meet, etiquette, senior/person above you in rank or position, spoon and chopsticks, to lift
  Vocabulary related to setting the table
- **Grammar** -었다가, -으니까
- **Task** Talk about your country's table etiquette
  Read and write about something that happens during a meal
  Listen to and speak in a dialogue about table etiquette

- 学習目標 韓国の食事のマナーを理解し話すことができる
- 語彙 喜んでくれる、礼節／マナー、上司／目上の人、スプーンと箸、持つ
  お膳に関連する語彙
- 文法 -었다가, -으니까
- 課題 自分の国の食事のマナーについて話す
  食事の間に起こったことを読んで書く
  食事のマナーについての会話を聞いて話す

- 学习目标 能够理解并说明韩国用餐礼节
- 词汇 高兴(第三人称)，礼节，长辈，勺子和筷子，拿
  有关餐桌摆放的词汇
- 语法 -었다가, -으니까
- 课堂练习 说一说自己国家的用餐礼节
  阅读在用餐中发生的事情并写作
  听关于用餐礼节的对话并说一说

EN

Stefan	Michael, did you have a good time at your friend's house yesterday?
Michael	Yes. When I visited him, his parents were very happy to meet me.
Stefan	What did you do there?
Michael	I got to see his house and learned some Korean meal etiquette, too.
Stefan	What are you supposed to do when you eat?
Michael	In Korea, you need to wait until the eldest person at the table has lifted his spoon for you to eat.

JP

シュテファン	マイケルさん、昨日友達の家に行ってきましたか。
マイケル	はい、友達の家に行ったら友達のご両親がとても喜んでくれました。
シュテファン	友達の家で何をしましたか。
マイケル	家も見て韓国の食事マナーも学びました。
シュテファン	食事をするときはどうしなくてはならないんですか。
マイケル	韓国では目上の人がスプーンと箸を持つまで待たなくてはなりません。

CH

史蒂芬	麦克，昨天去朋友家了吗？
麦　克	是啊，去了朋友家，朋友的父母非常高兴。
史蒂芬	你在朋友家都做什么了？
麦　克	参观了朋友的家，还学习了韩国的用餐礼节。
史蒂芬	用餐时应该怎么做呢？
麦　克	在韩国应该先等长辈拿起勺子和筷子。

문법

1 -었다가/았다가/였다가

- This is placed after an action verb stem and is used to show how after one action, another action follows. Usually, an action verb that has an opposite meaning follows the first action verb. The subject for both the first and second clause must the same.
- When the action verb stem ends with a vowel (with the exception of 'ㅏ or ㅗ'), use '-었다가'. When the action verb stem ends with the vowels 'ㅏ or ㅗ', use '-았다가'. When the stem ends with '하다', use '-였다가'.

  - During the break, I visited my hometown and returned.
  - I opened the window, and then closed it because it was cold.
  - I made a promise but cancelled it because something came up.
  - If your computer is not working well, try turning it off and then turning it on again.

- 動詞の語幹の後に付き動作が終わった後に他の動作へ変わることを表す。主に反対の意味で使える動詞がくる。前の文章と後ろの文章の主語は同じでなければならない。
- 'ㅏ,ㅗ'以外の母音で終わる動詞の語幹の後には'-었다가'を、'ㅏ,ㅗ'で終わる動詞の語幹の後には'-았다가'を、'하다'が付く動詞の語幹の後には'-였다가'を使う。

  - 休みの時故郷に行ってきました。
  - 窓を開けましたが寒くて閉めました。
  - 約束をしましたが用事ができて取り消しました。
  - コンピュータの調子が悪いなら電源をオフにしてからつけてみなさい。

- 用于动词词干后，表示某个动作结束后，接着变为其他的动作。一般情况下，两个动词具有相反的意义。前一句和后一句的主语必须一致。
- 除了元音'ㅏ、ㅗ'结尾的动词词干后加'-었다가'。以元音'ㅏ、ㅗ'结尾的动词词干后加'-았다가'。以'하다'结尾的动词词干后加'-였다가'。

  - 放假后我去了一趟故乡。
  - 打开窗户以后，因为太冷，又关上了。
  - 约好了以后，因为有事，又取消了。
  - 如果电脑有问题的话，关机以后再开机试试。

2 -으니까/니까

- This is placed after an action verb stem and is used to show a realization of something after the result of an action in the first clause.
- When the action verb stem ends with a consonant, use '-으니까'. When the stem ends with a vowel, use '-니까'.

- After trying the chicken ribs, it was spicier than I thought.
- After climbing the mountain, the air was clean and refreshing.
- I called my friend and her mother answered the phone.
- I asked the guide for the phone number of the office and she gave it to me in a friendly manner.

- 動詞の語幹の後に付き前の動作をした結果として後ろの事実を発見したということを表す。
- 子音で終わる動詞の語幹の後には'-으니까'、母音で終わる動詞の後には'-니까'を使う。

- タッカルビを食べてみたら思ったより辛かったです。
- 山に登ってみたら空気も良くてさわやかでした。
- 友達に電話したら友達のお母さんが出ました。
- ガイドに事務所の電話番号を聞いたら親切に教えてくれました。

- 用于动词词干后，表示发现前面动作的结果正是后面的事实。
- 以辅音结尾的动词词干后加'-으니까'，以元音结尾的动词词干后加'-니까'。

- 我尝了一下鸡排才知道比想象的要辣。
- 爬上了山才知道空气很好而且凉快。
- 给朋友打电话，是朋友的妈妈接的。
- 向讲解员问办公室的电话号码，讲解员很亲切地告诉我了。

제9과

이 옷을 입으면 키가 커 보이겠다

I think you'll look taller with it on

この服を着たら背が高く見えそう

穿起来会显得个儿高

- **Objectives** to be able to persuade another person about clothes that match him/her
- **Vocabulary** to be in fashion, striped, to match, flower design, to be better
  Vocabulary related to types of clothes
- **Grammar** -어 보이다, ㅅ 동사
- **Task** Persuade someone about clothes that match a situation
  Read and write about important things to consider when buying clothes
  Listen to and speak in a dialogue about shopping

- 学習目標 他の人に似合う服を勧めることができる
- 語彙 流行する、ストライプ模様、似合う、花柄、よい/ましだ
  服の種類の語彙
- 文法 -어 보이다, ㅅ 동사
- 課題 状況に合う服を勧める
  服を買うとき重要だと思うことを読んで書く
  ショッピング関連の会話を聞いて話す

- 学习目标 能够劝说别人买适合的衣服
- 词汇 流行，条纹，合适，花纹，好
  有关衣服种类的词汇
- 语法 -어 보이다, ㅅ 동사
- 课堂练习 劝说穿适合情况的衣服
  阅读买衣服时需要重点考虑的东西并写作
  听有关购物的对话并说一说

EN

Yuri	There are a lot of pretty clothes in this store.
Youngju	Yes, they have a lot of clothes with trendy designs and it's not too expensive, too.
Yuri	Do you think this striped dress will look good on me?
Youngju	Yes, I think you'll look taller with it on. But I think you'll look really good in the dress with the flower design.
Yuri	Which one between these two is better?
Youngju	The flower dress is prettier than the striped one.

JP

ユリ	この店にはかわいい服が多いなあ。
ヨンジュ	そうだね、最近流行しているデザインも多くて価格もたいして高くないわ。
ユリ	このストライプのワンピースが私に似合うかな。
ヨンジュ	うん、着たら背が高く見えそう。でも花柄のワンピースもよく似合いそうだけど。
ユリ	この二つのうちでどっちがいいかな。
ヨンジュ	ストライプより花柄のワンピースがもっとかわいいわ。

CH

有 莉	这家店里漂亮的衣服真多啊。
英 珠	是啊，最近流行的款式又多，价格也不是那么贵。
有 莉	这件条纹的连衣裙适合我吗？
英 珠	嗯，穿起来会显得个儿高。但是似乎花纹连衣裙也挺合适的。
有 莉	这两件中哪件更好啊？
英 珠	比起条纹的来说花纹连衣裙更好看。

문법

1 -어/아/여 보이다

- This is placed after a descriptive verb stem and is used to show feelings or a presumption that form after seeing a certain object.
- When the descriptive verb stem ends with a vowel (with exception to 'ㅏ, ㅗ'), use '-어 보이다'. When the stem ends with 'ㅏ or ㅗ', use '-아 보이다'. When the stem ends with '하다', use '-여 보이다'.

- It looks like Youngsu is feeling good today.
- The room looks big because there isn't much in here.
- When I first met the teacher, he seemed scary.
- Misun looks skinny when she wears black clothes.

- 形容詞の語幹の後に付きある対象をみて受けた印象や推測を表す。
- 'ㅏ,ㅗ'以外の母音で終わる形容詞の語幹の後には'-어 보이다'を、'ㅏ,ㅗ'で終わる形容詞の語幹の後には'-아 보이다'を、'하다'が付く形容詞の語幹の後には'-여 보이다'を使う。

- 今日ヨンスさんが気分がよく見えます。
- 物が多くないので部屋が広く見えます。
- はじめて先生に会ったとき怖く見えました。
- ミソンさんは黒い服を着るとすらっとして見えますね。

- 用于形容词词干后，表示看到某个对象后产生的感觉或猜测。
- 以'ㅏ、ㅗ'以外的元音结尾的形容词词干后用'-어 보이다'，以'ㅏ、ㅗ'结尾的形容词词干后用'-아 보이다'，加'하다'的形容词词干后用'-여 보이다'。

- 今天英秀的心情看起来不错。
- 东西不多，所以房间看起来很宽敞。
- 初次见到老师的时候，他看起来很凶。
- 美善穿了黑色的衣服，所以看起来很瘦。

2 ㅅ 동사

- The ㅅ action verb is a special verb with a stem that ends with 'ㅅ' (긋다, 낫다, 붓다, 잇다, 젓다, 짓다, etc.). If the ending that follows the ㅅ verb starts with a vowel, the ㅅ is dropped. There is no contraction with the stem and ending.

  - Draw a line under important words.
  - After you put sugar in your coffee, stir it well and drink it.
  - My eyes are swollen from crying while watching a sad movie.
  - There are so many apartment buildings being built here and there these days.

- 人動詞は語幹が'ㅅ'で終わる一部の動詞(긋다(引く)、낫다(直る/ましだ)、붓다(注ぐ/腫れる)、잇다(つなぐ)、젓다(かき混ぜる)、짓다(建てる)など)をいう。
  人動詞は後ろに母音で始まる語尾が来るときはパッチム'ㅅ'がなくなり語幹と語尾の縮約が起こらない。

  - 重要な単語には下線を引いてください。
  - コーヒーに砂糖を入れてよくかき混ぜてお飲みください。
  - 悲しい映画を見て泣いたので目が腫れました。
  - このごろはあちこちにアパートをたくさん建てます。

- 人动词是指词干以'ㅅ'结尾的一部分动词(긋다(划)、낫다(好)、붓다(肿)、잇다(连接)、젓다(搅)、짓다(建造)等)。动词后加以元音开头的词尾时，收音'ㅅ'脱落。但词干与词尾并不合写。

  - 请在重要的单词下面画上横线。
  - 请在咖啡中放入砂糖并充分搅拌后饮用。
  - 看了悲伤的电影哭得眼睛肿了。
  - 最近到处都在建公寓。

문화

EN

Various Places for Shopping

When Koreans go shopping, they oftentimes go to department stores, large discount stores, traditional markets, and famous fashion districts.

The prices at the department stores are expensive but because they have a variety of high quality products, many foreigner tourists visit these malls. The large discount store is the place to buy every day products in large quantities for a cheaper price. The traditional marketplace is a place like the Namdaemun Market. Here, you are able to bargain and look at a lot of interesting things.

The famous fashion districts are places like in front of Hongik University, Ewha Women's University, and Apgujung-dong.

JP

多様なショッピングの場所

韓国人はショッピングをするときデパートや大型ディスカウント売り場、在来市場、有名なファッション通りなどによく行きます。デパートは物の値段が高いですが質もよく、様々なものがあり外国人観光客も多く訪れます。大型ディスカウント売り場は大量の生活用品を安く買うことができるところです。在来市場は南大門市場のようなところです。在来市場に行くと物の値段を値切ることもでき、面白い見ものも多いです。有名なファッション通りとしては弘大前や梨大前、狎鴎亭などのようなところがあります。

CH

各种的购物场所

韩国人在购物的时候经常去百货商店或是大型打折卖场、传统市场、有名的时尚街等。百货商店的东西虽然价格很贵，但是质量很好，而且东西很多，所以许多外国游客也经常光顾。大型打折卖场是能买到很多便宜的生活用品的地方。传统市场是类似于南大门市场这样的地方。如果去传统市场不但可以还价，还可以看到许多有意思的东西。有名的购物街有弘大、梨大、狎鸥亭洞等。

제10과

기념품이 친구들 마음에 들지 모르겠어요

I'm not sure if my friends will like the souvenirs

記念品を友達が気に入るかどうかわかりません

不知道纪念品合不合朋友的心意

- **Objectives** to be able to give an appropriate recommendation to a person selecting a gift
- **Vocabulary** health food product, to recommend, tradition
  Vocabulary related to gifts
- **Grammar** -어 가지고, -을지 모르겠다
- **Task** Give an appropriate recommendation to another person
  Read an advertisement for a gift and write one
  Listen to and speak in a dialogue about recommendations for gifts

- 学習目標 プレゼントを選ぶ人に、ぴったりのプレゼントをお勧めできる
- 語彙 健康食品、推薦する、伝統
  プレゼントに関連する語彙
- 文法 -어 가지고, -을지 모르겠다
- 課題 相手にぴったりのプレゼントを勧める
  プレゼントの広告を読み広告を作る
  プレゼントを勧める会話を聞いて話す

- 学习目标 能够给选礼物的人推荐合适的礼物
- 词汇 保健食品，推荐，传统
  有关礼物的词汇
- 语法 -어 가지고, -을지 모르겠다
- 课堂练习 给对方推荐合适的礼物
  阅读关于礼物的广告并制作广告
  听关于推荐礼物的对话并说一说

EN

Michael	What kind of gift will you buy to take with you when you return to your homeland?
Yuri	I plan on buying health food products as a gift for my mother. What about you, Michael?
Michael	I plan on buying souvenirs to give to my friends. If there's something good, please recommend it to me.
Yuri	What about a traditional doll?
Michael	That sounds alright. But I'm not sure if my friends will like it.
Yuri	I'm sure they'll like it. All my friends liked it.

JP

マイケル	故郷に帰るときお土産は何を持っていきますか。
ユリ	お母さんのお土産に健康食品を買っていこうと思っています。マイケルさんは。
マイケル	私は友達に上げる記念品を買おうと思っているんですが良いものがあったら推薦してください。
ユリ	では伝統の人形はいかがですか。
マイケル	良さそうですね。でも友達が気に入るかどうかわかりません。
ユリ	喜ぶと思いますよ。私の友達もみんな喜びました。

CH

麦 克	回家乡的时候你准备买什么礼物回去啊？
有 莉	我打算给妈妈买保健食品作为礼物带回去。你呢？
麦 克	我准备给朋友们买纪念品，如果你有什么好的东西就推荐给我。
有 莉	那你觉得传统娃娃怎么样？
麦 克	似乎不错，但是不知道合不合朋友的心意。
有 莉	你的朋友会喜欢的，我的朋友都很喜欢。

문법

1 -어/아/여 가지고

- This is placed after an action verb stem to show that the first and second actions are happening in succession or to show that the first action is the foundation for the second action.
- When the action verb stem ends with a vowel (with exception of 'ㅏ or ㅗ'), use '-어 가지고'. When the stem ends with the vowel 'ㅏ or ㅗ', use '-아 가지고'. When the stem ends with '하다', use '-여 가지고'.

- I bought some flowers and went to my friend's house.
- I made some kimbab and went on a picnic.
- I am going to save some money and buy a computer.
- I want to learn Korean and work in a Korean company.

- 動詞の語幹の後に付き前後の動作が順次に起こることを表したり前の動作を基に後ろの動作が起こることを表す。
- 'ㅏ,ㅗ'以外の母音で終わる動詞の語幹の後には'-어 가지고'を、'ㅏ, ㅗ'の母音で終わる動詞の語幹の後には'-아 가지고'を、'하다'で終わる動詞の語幹の後には'-여 가지고'を使う。

- 花を買って友達の家に行きました。
- 海苔巻きを作ってピクニックに行きました。
- お金を貯めてコンピューターを買うつもりです。
- 韓国語を学んで韓国の会社で働きたいです。

- 用于动词词干后，表示前后动作依次发生，或通过保持前一动作来完成后一动作。
- 以'ㅏ、ㅗ'以外的元音结尾的动词词干后用'-어 가지고'，以元音'ㅏ、ㅗ'结尾的动词词干后用'-아 가지고'，以'하다'结尾的动词词干后用'-여 가지고'。

- 买了花去朋友家。
- 做了紫菜包饭去郊游。
- 我要存钱买电脑。
- 我想学韩语然后在韩国公司上班。

문법

2 -을지/ㄹ지 모르겠다

- This is placed after an action or descriptive verb stem and is used when you are unclear or unsure about the content that is given before.

  - I'm not sure if my friends will like this gift.
  - I'm not sure if Misun will attend the meeting tomorrow.
  - Because it's the holiday season, I'm not sure if there will be any plane tickets.
  - Since it's raining so much, I'm not sure if the bus will arrive on time.

- 動詞や形容詞の語幹の後に付き前の内容が正確ではなかったり確信がないことを表す。

  - 友達がこのプレゼントを喜ぶかどうかわかりません。
  - ミソンさんが明日集まりに出席するかどうかわかりません。
  - 休暇シーズンなので飛行機のチケットがあるかどうかわかりません。
  - 雨がたくさん降ったのでバスが定刻どおりに到着するかどうかわかりません。

- 用于动词或形容词词干后，表示对前句的内容不能确定或确信。

  - 不知道朋友会不会喜欢这个礼物。
  - 不知道美善会不会参加明天的聚会。
  - 因为是假日期间，不知道还有没有飞机票。
  - 因为雨下得很大，不知道公共汽车能不能准点到达。

제 11 과

주말에 그냥 집에서 쉴까 해요

I'm thinking of just resting at home this weekend

週末はずっと家で休もうかと思います

我正考虑周末就在家休息呢

- **Objectives** to be able to make a variety of plans for the weekend
- **Vocabulary** just, to do so, top/summit, refreshing oneself
  Vocabulary related to plans
- **Grammar** –을까 하다, –지 말고
- **Task** Make weekend plans
  Read and write about things done over the weekend
  Listen to and speak in a dialogue about a variety of weekend plans

- 学習目標 いろいろな週末の計画を立てることができる
- 語彙 ずっと／ただ、そうする、頂上、気分転換
  計画に関連する語彙
- 文法 –을까 하다, –지 말고
- 課題 週末の計画を立てる
  週末にしたことを読んで書く
  様々な週末の計画についての会話を聞いて話す

- 学习目标 能够制定多样的周末计划
- 词汇 只是，那样做，顶峰，转换心情(散心)
  有关计划的词汇
- 语法 –을까 하다, –지 말고
- 课堂练习 制定周末计划
  阅读周末做的事并写作
  听关于各种有关周末计划的对话并说一说

EN

Michael	Stefan, what will you do over the weekend?
Stefan	I've been going home late from work because I have so much to do these days. So I'm thinking of just resting at home this weekend.
Michael	Hey, come go hiking with me instead. You'll feel refreshed when you get to the top of the mountain.
Stefan	Won't I be more tired if I don't rest over the weekend?
Michael	No. My health has improved since I started to climb mountains.
Stefan	Really? Then maybe I should go with you.

JP

マイケル	シュテファンさん、週末には何をするつもりですか。
シュテファン	このごろ仕事が多くて遅く退勤することが多かったんです。なのでずっと家で休もうかと思います。
マイケル	そうしないで一緒に登山に行きましょう。山の頂上に上れば気分転換になりますよ。
シュテファン	週末に休まなければもっと疲れるんじゃないですか。
マイケル	そんなことないですよ。私は登山を始めて健康がより良くなりました。
シュテファン	そうですか。じゃあ私も一緒に行ってみましょうか。

CH

麦　克	史蒂芬，你周末准备干什么？
史蒂芬	最近事情太多了经常很晚下班，所以我正考虑就在家里休息呢。
麦　克	别那样，一起去登山吧。登上山顶的时候你也可以转换一下心情。
史蒂芬	周末不休息的话不是会更累吗？
麦　克	不会的，自从我开始登山身体就变得更好了。
史蒂芬	是吗？那我也一起去好了。

문법

1 -을까/ㄹ까 하다

- This is placed after an action verb stem and is used when you want to show an inclination towards something or action although not a complete decision.
- When the action verb stem ends with a consonant, use '-을까 하다'. When the action verb stem ends with a vowel, use '-ㄹ까 하다'.

- I'm thinking about eating bibimbab for lunch.
- I'm thinking about moving because my workplace is so far.
- I'm considering switching to the new cellphone that has just come out.
- I'm thinking about exercising but what would be a good idea?

- 動詞の語幹の後に付きまだ確実に決定しているわけではないが、その行動をする気持ちや考えがあることを表す。
- 子音で終わる動詞の語幹の後には'-을까 하다'を、母音で終わる動詞の語幹の後には'-ㄹ까 하다'を使う。

- 昼食にビビンバを食べようかと思います。
- 会社が遠いので引越しをしようかと思います。
- 最近新しく出た携帯電話に変えようかと思う。
- 運動をしてみようかと思うんだけど何の運動をしたらいいかな。

- 用于动词词干后，表示虽然还没有决定，但有行动的意图或想法。
- 以辅音结尾的动词词干后用'-을까 하다'，以元音结尾的动词词干后用'-ㄹ까 하다'。

- 我正考虑午饭吃拌饭。
- 公司太远了，所以我正考虑要搬家。
- 我正考虑换一个最近新出的手机。
- 我正考虑要做运动，但是做什么运动好呢？

문법

2 -지 말고

- This is placed after an action verb stem and is used when giving a command or suggestion to not do the first action mentioned but instead do the action mentioned second.

  - Let's not take the bus but ride in a taxi instead.
  - Don't stay out so late at night but come home early instead.
  - Don't talk so much but drink warm water often instead.
  - If your legs are swollen, don't wear high heels but wear sneakers instead.

- 動詞の語幹の後に付き先行節の行動をできなくして、後ろの行動をするように命令したり提案する。

  - バスに乗らないでタクシーに乗りましょう。
  - 夜遅くまで遊ばないで早く家に帰って来い。
  - あまりしゃべらないで温かい湯をよく飲んでください。
  - 足がむくんだら靴をはかないでスニーカーを履いてください。

- 用于动词词干后，表示不要做前句的动作，而命令或提议做后句的动作。

  - 不要坐公车，一起打的吧。
  - 不要玩儿到晚上很晚，早点回家。
  - 请不要说太多的话，并经常喝温水。
  - 脚肿起来的话，就不要穿皮鞋了，穿运动鞋吧。

문화

EN

The Weekend Activities of Koreans

There are so many different ways to spend the weekend for each person. These days, there are many people who want to enjoy their weekends with family members or friends. People go on trips, climb a mountain, go bike riding, etc. to get a change in mood and enjoy a good time.

There are also many people who want to enjoy leisure sports and surfing, rafting, and paragliding are becoming favorite pastimes. These leisure sports are especially popular in the summer. In addition, people are learning new things, watching movies, participating in exhibitions, etc. as a weekend hobby.

JP

韓国人の週末活動

人によって週末を過ごす方法はいろいろです。最近は家族や友だちと一緒に週末を楽しく過ごそうとする人たちが多いです。旅行、登山、自転車に乗ることで気分転換もして楽しい時間を過ごします。

新しいレポーツを楽しむ人たちも多いのですがサーフィンやラフティング、パラグライダーは人気レポーツとして愛されています。特にこういったレポーツは夏によくします。また週末に趣味の活動として新しいことを学んだり、映画や展示会などを観覧したりもします。

CH

韩国人的周末活动

每个人度过周末的方法都是多种多样的。最近有很多和家人或朋友一起度过愉快周末的人，通过旅游、登山、骑自行车等活动，既转换了心情，又度过了一段愉快的时间。

也有很多享受新的休闲运动的人，冲浪、漂流、滑翔伞等人气休闲运动受到了很多人的喜爱。做这些休闲运动的人尤其在夏季很多。另外还有在周末学习新东西作为兴趣活动，或看电影、参观展示会的人。

제 12 과

친구와 같이 음악회에 가기로 했어
I decided to go to the concert with my friend
友達と一緒に音楽会に行くことにした
我约朋友一起去听音乐会

- **Objectives** to be able to make an appointment with a friend about what to do together over the weekend
- **Vocabulary** to be of course, to reserve a ticket, already, to have expectation
  Vocabulary related to appointments
- **Grammar** -기로 하다, -는데요?
- **Task** Make an appointment about where to meet a friend over the weekend
  Read and write about an experience when an appointment was broken
  Listen to and speak in a dialogue about appointments

- 学習目標 友達と週末に一緒にすることを約束できる
- 語彙 もちろんだ、予約して買う／前売りを買う、今から、期待する／楽しみにする
  約束に関連する語彙
- 文法 -기로 하다, -는데요?
- 課題 週末に友達と会う約束をする
  約束を守れなかった経験を読んで書く
  約束に関する会話を聞いて話す

- 学习目标 能够和朋友约定周末一起活动
- 词汇 当然，预购，早已，期待
  有关约会的词汇
- 语法 -기로 하다, -는데요?
- 课堂练习 和朋友约定周末见面
  阅读不能守约的经历并写作
  听有关约会的对话并说一说

EN

Jieun	Yuri, have you ever been to a concert?
Yuri	No, I haven't been to one yet.
Jieun	I've never been to one either so this time, I'm going to a concert with a friend.
Yuri	When are you going? Can I go with you?
Jieun	Of course. It's next Saturday so let's go. I'll reserve the tickets.
Yuri	Then I'll buy dinner. I'm already excited about it.

JP

ジウン	ユリ、音楽会に行ったことある？
ユリ	ううん、まだ行ったことない。
ジウン	私も行ったことがないんだけど今度友達と一緒に行くことにしたの。
ユリ	いつ いくの。私も一緒に行ってもいい。
ジウン	もちろんよ。来週の土曜日にやるから一緒に行こう。私がチケットを予約しておくわ。
ユリ	じゃあ私が晩御飯をおごるわ。今から楽しみだわ。

CH

智 恩	有莉，你去过音乐会吗？
有 莉	没有，我还没去过。
智 恩	我也没去过，这次约了朋友一起去。
有 莉	什么时候去啊？我也可以一起去吗？
智 恩	当然可以，下周六我们一起去吧。我来订票。
有 莉	那么我晚饭请客。我现在已经开始期待了。

문법

1 -기로 하다

- This is placed after an action verb stem and is used to show a decision or resolve and a commitment that has been made.

  - We decided to get married next year.
  - I decided to start exercising starting today.
  - Let's agree that the person who arrives late buys the drinks.
  - I decided to go to Jeju Island with my family during the vacation.

- 動詞の語幹の後に付き決定や決心、約束の意味を表す。

  - 私たちは来年結婚することにしました。
  - 私は今日から運動を始めることにした。
  - 遅く来る人が飲み物を買うことにしよう。
  - 休みのとき家族と一緒に済州島に行くことにしました。

- 用于动词词干后，表示决定、决心或约定。

  - 我们决定明年结婚。
  - 我决定从今天开始做运动。
  - 让迟到的人买饮料吧。
  - 放假时我约好和家人去济州岛。

2 -는데요?, -은데요/ㄴ데요?

- This is placed after an action or descriptive verb stem and is used when you want to hear more detailed information after hearing the words of the person you're talking with.
- After an action verb or the verb stem of '있다' or '없다,' use '-는데요?'. When the descriptive verb stem ends with a consonant, use '-은데요?'. When the descriptive verb stem ends with a vowel, use '-ㄴ데요?'.

- A: During the break, I intend on going on a trip. B: Where will you go?
- A: My birthday is in October. B: What day in October?
- A: This product is very different from older products. B: What is the difference?
- A: Yesterday's meal was so delicious. B: What did you eat?

- 動詞や形容詞の語幹の後に付け相手の言葉を聞いてより詳しい情報を知りたいときに使う。
- 動詞や'있다'、'없다'の語幹の後には'-는데요?'を、子音で終わる形容詞の語幹の後には'-은데요?'を、母音で終わる形容詞の語幹の後には '-ㄴ데요?'を使う。

- A: 休みの時に旅行に行こうと思っています。 B: どこに行くのですか。
- A: 私の誕生日は10月よ。 B: 10月何日なの。
- A: この製品は昔の製品と大きく違います。 B: 何が違うんですか。
- A: 昨日食べた食べ物がとても美味しかったんです。 B: 何を食べたんですか。

- 用于动词或形容词词干后，表示听了对方的话后，想更详细地了解具体情况。
- 动词或'있다'、'없다'的词干后用'-는데요?'，以辅音结尾的形容词词干后用'-은데요?'，以元音结尾的形容词词干后用'-ㄴ데요?'。

- 甲：放假的时候我打算去旅游。 乙：你要去哪里？
- 甲：我的生日在10月。 乙：10月几号呢？
- 甲：这个产品和以前的产品有很大的不同。 乙：有什么不同呢？
- 甲：昨天吃的菜真好吃。 乙：吃了什么啊？

제13과

남대문 시장에는 뭐든지 다 있어요
The Namdaemun Marketplace has everything
南大門市場にはなんでも全部あります
南大门市场里不管什么东西都有

- **Objectives** to provide information about a tourist attraction in Seoul
- **Vocabulary** Hanok Korean Traditional Village, to decide, things to see
  Vocabulary related to touring
- **Grammar** –을지 –을지, 이든지
- **Task** Give information about a tourist attraction in Seoul
  Read and write about an introduction to a memorable tourist attraction in Seoul
  Listen to and speak in a dialogue about touring in Seoul

- 学習目標 ソウルの観光地を案内できる
- 語彙 韓屋村、決める、見どころ
  観光にする関連語彙
- 文法 –을지 –을지, 이든지
- 課題 ソウルの観光地を案内する
  記憶に残るソウルの観光地を紹介する文を読んで書く
  ソウルの観光についての会話を聞いて話す

- 学习目标 能够为首尔的观光地做向导
- 词汇 韩屋村，决定，可看的
  有关观光的词汇
- 语法 –을지 –을지, 이든지
- 课堂练习 为首尔观光地做向导
  阅读介绍留在记忆中的首尔观光地的文章并写作
  听关于首尔观光的对话并说一说

EN

Shaoming	What are you going to do after class today?
Yuri	My younger sister is visiting from Japan so I'm going to spend time with her.
Shaoming	What are you thinking of doing?
Yuri	I haven't decided yet whether we'll go shopping or visit the Hanok Korean Traditional Village.
Shaoming	Then try going to the Namdaemun Marketplace. There's a lot to see there and it has everything.
Yuri	That seems like a good idea.

JP

シャオミン	今日の授業が終わったら何をするつもりですか。
ユリ	日本から妹が来るので一緒に時間を過ごそうと思います。
シャオミン	何をするつもりですか。
ユリ	ショッピングをするか韓屋村へ見学に行くかまだ決めていないんです。
シャオミン	では、南大門市場に行ってみてください。 南大門市場には見どころも多くて何でも全部あります。
ユリ	それはいいですね。

CH

小　明	今天下课后你要干什么呢?
有　莉	妹妹从日本过来了，我打算和她一起。
小　明	你想干什么呢?
有　莉	我还没决定是去购物还是去参观韩屋村。
小　明	那么去南大门市场吧，南大门市场里有很多可看的东西，而且不管什么都有。
有　莉	那真好啊。

문법

1 -을지/ㄹ지 -을지/ㄹ지

- This is placed after an action verb stem and is used as you cite one example after another to show that a decision needs to be made.
- When the action verb stem ends with a consonant, use '-을지 -을지'. When the action verb stem ends with a vowel, use '-ㄹ지 -ㄹ지'.

- I'm not sure whether I should go to graduate school or get a job.
- I'm thinking about whether I should live in the dorms or a boarding house.
- Let's decide now whether we will meet on Saturday or Sunday.
- I haven't decided yet whether I'll take the express bus or the train.

- 動詞の語幹の後に付き選択する項目を羅列し何を選択するかについての考えを表す。
- 子音で終わる動詞の語幹の後には'-을지 -을지'を、母音で終わる動詞の語幹の後には'-ㄹ지 -ㄹ지'を使う。

- 大学院に行くか、就職をするかよくわかりません。
- 寄宿舎に住むか、下宿に住むか考え中です。
- 土曜日に会うか、日曜日に会うか今決めましょう。
- 高速バスに乗るか、汽車に乗るかまだ決めていませんでした。

- 用于动词词干后，表示罗列选项，并思考应该选择其中哪个。
- 以辅音结尾的动词词干后用'-을지 -을지'，以元音结尾的动词词干后用'-ㄹ지 -ㄹ지'。

- 我不知道是去研究生院还是就业。
- 我在想是住宿舍还是住寄宿。
- 我们现在来决定是周六见面还是周日见面吧。
- 我还没决定是坐高速巴士还是坐火车。

2 이든지/든지

- This is placed after an interrogative sentence such as 'when', 'who', 'where', 'what', or 'how long' and shows that any particular decision doesn't matter. It can be used in the form '무슨 N 이든지/든지' as well.
- When a noun ends with a consonant, use '이든지', and with a noun that ends with a vowel, use '든지'.

- If you don't know something while you're studying, ask me at anytime.
- As long as you have a student ID, anybody can use it.
- It doesn't matter where we go, but let's really go on a trip this time.
- I enjoy eating all the food my mother cooks, whatever it is.

- '언제(いつ)、누구(だれ)、어디(どこ)、무엇(何)、얼마(いくら)'などの疑問詞の後に付きどんなことを選択しても関係がないことを表す。
'무슨 名詞이든지/든지'の形でも使うことができる。
- 子音で終わる名詞の後には'이든지'を、母音で終わる名詞の後には'든지'を使う。

- 勉強している途中でわからなかったらいつでも聞いてください。
- 学生証があればだれでも利用できます。
- いつでもいいから今回は必ず旅行に行きましょう。
- 私は母が作ってくれる食べ物は何でも良く食べます。

- 用于'언제(什么时候)'、'누구(谁)'、'어디(哪儿)'、'무엇(什么)'、'얼마(多少)'等疑问代词后，表示无论选择什么都没有关系。也可以用作'무슨 (名词)이든지/든지'形式。
- 以辅音结尾的名词后用'이든지'，以元音结尾的名词后用'든지'。

- 学习过程中有什么不知道的，不管什么时候都可以来问我。
- 如果有学生证的话不管谁都可以使用。
- 不管什么地方都好，这次一定要一起去旅游吧。
- 我只要是妈妈做的菜，不管是什么都很喜欢吃。

제14과

제주도만큼 경치가 아름다운 곳도 없어요

There's no place with beautiful scenery like Jeju Island

済州島ほど風景が美しいところもありません

没有地方像济州岛一样有那么美丽的风景了

- **Objectives** to be able to request for information concerning a travel location
- **Vocabulary** 3 days and 2 nights, to return from visiting, lodging, to lodge at, view / lookout
  Vocabulary related to traveling
- **Grammar** 만큼, -는지 알다/모르다
- **Task** Request information about a travel location
  Read and write about a desired place of travel in Korea
  Listen to and speak in a dialogue about travel information

- 学習目標 旅行地についての情報を求めることができる
- 語彙 2泊3日、行ってくる、宿所、泊る、展望
  旅行に関連する語彙
- 文法 만큼, -는지 알다/모르다
- 課題 旅行地についての情報を求める
  韓国で旅行したいところを読んで書く
  旅行情報関連の会話を聞いて話す

- 学习目标 能够取得旅游地的相关信息
- 词汇 三天两夜，去过回来，住处，住宿，窗外远景
  有关旅行的词汇
- 语法 만큼, -는지 알다/모르다
- 课堂练习 取得旅游地的相关信息
  阅读关于在韩国想去的地方的文章并写作
  听关于旅游信息的材料并说一说

EN

Michael	I'm thinking about going to Jeju Island during this coming vacation but have you been there, Shaoming?
Shaoming	Yes, I've been there twice. There's no place with beautiful scenery like Jeju Island.
Michael	Oh, really? How many days did you visit?
Shaoming	I visited for 3 days and 2 nights.
Michael	I haven't been able to decide on lodging yet. Do you know which hotel is good?
Shaoming	Do you want me to introduce you to the hotel that I stayed at last time? There is a fine view from the window and the service was good.

JP

マイケル	今度の休暇の時、済州島に行こうかと思うのですが、シャオミンさんは行ったことがありますか。
シャオミン	はい。2回行ってきました。済州島ほど風景が美しいところもありません。
マイケル	ああ、そうですか。何日間旅行しましたか。
シャオミン	2泊3日で行ってきました。
マイケル	まだ宿所を決めていないのですが、どのホテルが良いかご存じですか。
シャオミン	私が前に泊ったホテルを紹介しましょうか。展望も良くサービスも良かったです。

CH

麦 克	我正考虑这次休假去济州岛呢，小明你去过吗？
小 明	是的，我去过两次。没有地方像济州岛一样有那么美丽的风景了。
麦 克	啊，是吗？你去那边旅游了几天？
小 明	我去了三天两夜。
麦 克	我还没有定下住处，你知道哪个酒店比较好吗？
小 明	我把我上次住的酒店介绍给你好吗？窗外风景好，服务也好。

문법

1 만큼

- This is placed after a noun and is used to show similarity in degree or limit with the previously mentioned noun.

  - My younger sibling has grown as tall as my height.
  - The child eats as much as an adult.
  - There is no one who sings as well as Wei.
  - In this world, there is no place as comfortable as home.

- 名詞の後に付き前に来る名詞と程度や限度が似ていることを表す。

  - 弟が私ほど背が高いです。
  - 子供が大人ほどたくさんたべます。
  - ウェイさんほど歌が上手な人はいません。
  - この世で自分の家ほど楽な場所はないでしょう。

- 用于名词后，表示与前面的名词具有相似的程度或限度。

  - 弟弟的个子像我一样高。
  - 孩子像大人一样吃得那么多。
  - 没有人唱歌像王伟一样好。
  - 在这个世界上没有像家一样舒服的地方了。

2 -는지 알다/모르다, -은지/ㄴ지 알다/모르다

- This is placed after an action or descriptive verb stem and is used to show whether you know or don't know about a certain fact.
- After an action verb stem or the stem of '있다 or 없다', use '-는지 알다'. When a descriptive verb stem ends with a consonant, use '-은지 알다', and when it ends with a vowel, use '-ㄴ지 알다'.

- Do you know the way to City Hall?
- Do you know why that movie is so popular?
- I don't know where my younger brother has gone.
- I don't know who that person is over there.

- 動詞や形容詞の語幹の後に付きある事実に対して知っていることや知らないことを表す。'-는지 알다/모르다' の前には'누구(だれ)、어디(どこ)、언제(いつ)、얼마(いくら)、어떻게(どうやって)、왜(なぜ)'などの疑問詞がなくてはならない。
- 動詞と '있다, 없다' の語幹の後には'-는지 알다'を、子音で終わる形容詞の語幹の後には'-은지 알다'を、母音で終わる形容詞の語幹の後には'-ㄴ지 알다'を使う。

- 市庁までどうやっていくのかご存じですか。
- どうしてその映画がとても人気なのかご存じですか。
- 弟がどこにいったのかわかりません。
- そこにいらっしゃる方が誰なのかわかりません。

- 用于动词或形容词词干后，表示知道或不知道某个事情。前面必须要有'누구(谁)'、'어디(哪儿)'、'언제(什么时候)'、'얼마(多少)'、'어떻게(怎么)'、'왜(为什么)'等疑问代词。
- 动词和'있다、없다'词干后用'-는지 알다'，以辅音结尾的形容词词干后用'-은지 알다'，以元音结尾的形容词词干后用'-ㄴ지 알다'。

- 你知道怎么去市政府吗？
- 你知道为什么那部电影的人气那么高吗？
- 我不知道弟弟去了哪儿。
- 我不知道在那里的那个人是谁。

문화

EN

Accomodations in Korea

There are a variety of lodging facilities you can use when you travel. Among them, there is the Hanok Hotel and Hanok Private Lodging where you can feel the Korean traditional culture. At the Hanok Hotel, you feel close to nature because their garden is so beautiful. And because the hotel is made of mud and wood, it is good for your health. The Hanok Private Lodging allows you to feel the beauty of Korea and because the lodging fee is inexpensive, there are more and more foreigners who visit this place every year. A pension is a pretty house at the beach or mountainside. People who like the mountains or rivers come here often. A guesthouse is a place where several people use one room together and because of this, you can gain travel information and save on expenses even though it may be somewhat complicated.

JP

韓国の宿泊施設

旅行に行くと利用できる宿泊施設は様々です。そのなかでも韓屋のホテルと韓屋の民泊は韓国の伝統文化を感じられる宿泊施設です。韓屋ホテルは庭園が美しくて自然を近くに感じられ、土と木で建てられ健康に良いです。韓屋民泊は韓国の美しさも感じられ宿泊費も安く年々ここを訪れる外国人が増えています。
ペンションは海辺や山の近くにある美しい家です。山や川を両方好きな人が多く訪れます。
ゲストハウスはいろいろな人が一つの部屋を一緒に使用するため複雑ですが旅行情報も得られ旅行の経費も減らすことができます。

CH

韩国的住宿设施

去旅游时可以使用的住宿设施是十分多样化的。其中，韩屋酒店和韩屋民宿是可以体验到韩国传统文化的住宿设施。韩屋酒店的庭院风景很美，可以与自然近距离地接触，因为它是用土和木头建造的，所以对身体很好。韩屋民宿也可以体会到韩国的美丽风景，而且住宿费比较便宜，每年来这里的外国人都在增加。寄宿民家(펜션，pension)是在海边或山附近的漂亮的房子，喜欢山和水的人经常来这里光顾。旅舍(게스트하우스， guest house)因为是几个人共用一间房，虽然有点儿复杂，但也可以获取旅游信息，减少旅游经费。

제15과

힘들어도 좋은 경험이 될 거예요

Even though it may be tough, it will be a good experience

大変でも良い経験になるでしょう

尽管很累，但会成为一段很好的经历的

- **Objectives** to be able to ask and talk about experiences of visiting many different places
- **Vocabulary** backpacking trip, vacation season, to be worried
  Vocabulary related to types of travel
- **Grammar** -어서 그런지, -어도
- **Task** Talk about a memorable trip
  Read and write about a particular trip
  Listen to and speak in a dialogue about a travel experience

- 学習目標 いろいろなところを旅行した経験を聞いて話すことができる
- 語彙 バックパック旅行、休暇シーズン、心配になる
  旅行の種類に関連する語彙
- 文法 -어서 그런지, -어도
- 課題 記憶に残る旅行について話す
  特別な旅行についての文を読んで書く
  旅行の経験についての会話を聞いて話す

- 学习目标 能够询问并述说在各个地方的旅游经历
- 词汇 背包旅行，假日高峰期，担心
  有关旅游种类的词汇
- 语法 -어서 그런지, -어도
- 课堂练习 说说留下记忆的旅行
  阅读关于特别的旅行的文章并写作
  听关于旅游经历的对话并说一说

EN

Yuri	Seeing these pictures, I can tell you have traveled quite a lot. Where is this?
Shaoming	It's France. I went backpacking in Europe last year.
Yuri	I'm thinking of going to Europe during the upcoming vacation, so how was it?
Shaoming	It was fun but maybe it was because it was the vacation season, there were so many tourists.
Yuri	Wasn't it tough? This will be my first time backpacking so I'm a little worried.
Shaoming	Even though it may be tough, it will be a good experience.

JP

ユリ	写真を見たら旅行を本当にたくさんしたんですね。ここはどこですか。
シャオミン	フランスです。昨年ヨーロッパにバックパック旅行に行ってきました。
ユリ	私も今回の休みのときヨーロッパに行こうと思うのですがどうでしたか。
シャオミン	面白いことは面白いですが、休暇シーズンだからなのか観光客がちょっと多かったです。
ユリ	大変じゃなかったですか。私はバックパック旅行がはじめてなので心配です。
シャオミン	大変でも良い経験になるでしょう。

CH

有 莉	从照片来看，你旅游了很多次啊。这里是哪里啊？
小 明	是法国。我去年去欧洲背包旅行了。
有 莉	我这次放假也想去欧洲，那次旅游怎么样？
小 明	虽然很有意思，但不知道是不是因为是假日高峰期，游客有点儿多。
有 莉	不累吗？我是第一次去背包旅行，所以很担心。
小 明	尽管很累，但会成为一段很好的经历的。

문법

1 -어서/아서/여서 그런지

- This is placed after an action or descriptive verb stem and is used to express an unconfirmed cause or reason for the content of the clause that follows.
- When the action or descriptive verb stem ends with a vowel (with exception of 'ㅏand ㅗ'), use '-어서 그런지'. When the stem ends with 'ㅏ or ㅗ', use '-아서 그런지'. When the stem ends with '하다', use '-여서 그런지'.

- Perhaps it's because I drank too much coffee, but I can't sleep.
- Maybe it's because the good transportation system that the cost of houses over there is expensive.
- Perhaps it's because the weather is cold, but there is hardly anyone on the streets.
- Perhaps it's because it's a holiday, but there are so many people at the theater.

- 動詞や形容詞の語幹の後で、後の内容について確実でない原因や理由を表す。
- 'ㅏ, ㅗ'以外の母音で終わる動詞や形容詞の語幹の後には'-어서 그런지'を、'ㅏ, ㅗ'で終わる動詞や形容詞の語幹の後には'-아서 그런지'を、'하다'がつく動詞や形容詞の語幹の後には'-여서 그런지'を使用する。

- コーヒーをたくさん飲んだからなのか、眠れません。
- そこは交通の便が良いからなのか、家の値段が高いです。
- 天気が寒いからなのか、通りに人があまりいません。
- 休日だからなのか、劇場に人が多いです。

- 用于动词或形容词词干后，表示对后面的内容来说是不确定的原因或理由。
- 以'ㅏ、ㅗ'以外的元音结尾的动词或形容词词干后用'-어서 그런지'，以'ㅏ、ㅗ'结尾的动词或形容词词干后用'-아서 그런지'，加'하다'的动词或形容词词干后用'-여서 그런지'。

- 不知道是不是因为多喝了咖啡不想睡觉。
- 不知道是不是因为那里的交通比较便利，房价很贵。
- 不知道是不是因为天气冷，街上几乎没有什么人。
- 不知道是不是因为是假日，剧场里的人很多。

2 -어도/아도/여도

- This is placed after an action or descriptive verb stem and is used when a general result that can be presumed by the content that comes before is not apparent.
- When the action or descriptive verb stem ends with a vowel (with exception of 'ㅏ and ㅗ'), use '-어도'. When the verb stem ends with 'ㅏ or ㅗ', use '-아도'. When the verb stem ends with '하다', use '-여도'.

- I would buy those clothes because they're pretty, even if they might be expensive.
- Even after one hour has passed since we agreed to meet, my friend is not coming.
- No matter how much I practice, my pronunciation is not getting any better.
- Even a smart student wouldn't know the answer to this problem.

- 動詞や形容詞の語幹の後で、前の内容から予想のできる一般的な結果が出ない時に使う。
- 'ㅏ, ㅗ' 以外の母音で終わる動詞や形容詞の語幹の後には'-어도'を、'ㅏ, ㅗ'で終わる動詞や形容詞の語幹の後には'-아도'を、'하다'が付く動詞や形容詞の語幹の後には '-여도'を使う。

- その服が高くてもかわいいので買います。
- 約束の時間が1時間を過ぎても友だちが来ません。
- どんなに練習をたくさんしても発音が良くなりません。
- 賢い学生でもこの問題はわからないでしょう。

- 用于动词或形容词词干后，表示并不出现通过前面的内容可以预想到的一般性结果。
- 以'ㅏ、ㅗ'以外的元音结尾的动词或形容词词干后用'-어도'，以'ㅏ、ㅗ'结尾的动词或形容词词干后用'-아도'，加'하다'的动词或形容词词干后用'-여도'。

- 尽管这件衣服很贵，但因为很漂亮所以我要买它。
- 尽管约定时间已经过去了一个小时，朋友还是没有来。
- 尽管做再多的练习，发音还是不好。
- 就算是很聪明的学生也肯定不知道这个问题。

부록

2. 문법 활용연습

제1과 한국말을 배운 지 6개월 됐어요

1. -은/ㄴ 지

Ⅰ. 보기 와 같이 문장을 만드십시오.

보기 일주일 전에 이 휴대전화를 샀습니다. ➡ 이 휴대전화를 산 지 일주일 됐습니다.

1. 3년 전에 결혼했습니다. ➡ ________________.
2. 한 달 전에 이 옷을 샀습니다. ➡ ________________.
3. 5개월 전부터 요가를 배웠습니다. ➡ ________________.
4. 네 달 전부터 그 사람과 사귀었습니다. ➡ ________________.
5. 2년 전부터 일본어를 공부했습니다. ➡ ________________.

Ⅱ. 다음은 민수 씨가 대학교에 입학한 후부터 현재까지 한 일입니다. 표를 보고 보기 와 같이 대화를 완성하십시오.

시간	한 일
2002년 2월	고등학교 졸업
2006년 2월	대학교 졸업
2007년 8월	한국 회사에 취직
2008년 10월	결혼
2010년 9월	첫 아이가 태어남
2011년 6월	과장으로 승진
2012년 4월	현재

보기 가: 고등학교를 졸업한 지 얼마나 됐어요?
나: 고등학교를 졸업한 지은/ㄴ 지 10년 됐어요.

1. 가: 대학교를 졸업한 지 얼마나 됐어요?
   나: ____________________ 은/ㄴ 지 ____________________.
2. 가: 한국 회사에서 일한 지 얼마나 됐어요?
   나: ____________________ 은/ㄴ 지 ____________________.
3. 가: 결혼한 지 얼마나 됐어요?
   나: ____________________ 은/ㄴ 지 ____________________.
4. 가: 아빠가 된 지 얼마나 됐어요?
   나: ____________________ 은/ㄴ 지 ____________________.
5. 가: 과장으로 승진한 지 얼마나 됐어요?
   나: ____________________ 은/ㄴ 지 ____________________.

2. -기는 하지만

Ⅰ. 관계있는 것을 연결하여 **보기** 와 같이 한 문장으로 만드십시오.

김치가 맵습니다 •	• 친하지 않습니다
가방이 예쁩니다 •	• 맛있습니다
그 가수가 춤을 잘 춥니다 •	• 만들지 못합니다
한식을 좋아합니다 •	• 재미있습니다
한국 생활이 힘듭니다 •	• 노래를 잘 못 불러요
그 사람을 압니다 •	• 너무 비싸요

보기 김치가 맵기는 하지만 맛있습니다.

1. ____________________ 기는 하지만 ____________________.
2. ____________________ 기는 하지만 ____________________.
3. ____________________ 기는 하지만 ____________________.
4. ____________________ 기는 하지만 ____________________.
5. ____________________ 기는 하지만 ____________________.

Ⅱ. **보기** 와 같이 대화를 완성하십시오.

> **보기**
> 가: 여행을 좋아하세요?
> 나: 좋아하기는 하지만 자주 못 가요.

1. 가: 수영을 할 수 있어요?

   나: ________________기는 하지만 ________________.

2. 가: 그 식당 음식 값이 비싸지요?

   나: ________________기는 하지만 ________________.

3. 가: 날마다 한국 뉴스를 들으세요?

   나: ________________기는 하지만 ________________.

4. 가: 한국말 공부하기가 어때요?

   나: ________________기는 하지만 ________________.

5. 가: 기숙사 생활이 어때요?

   나: ________________기는 하지만 ________________.

제2과 이제는 많이 익숙해졌어요

1. -어지다/아지다/여지다

Ⅰ. 그림을 보고 **보기** 와 같이 문장을 완성하십시오.

보기  기분이 좋아졌어요.

1. 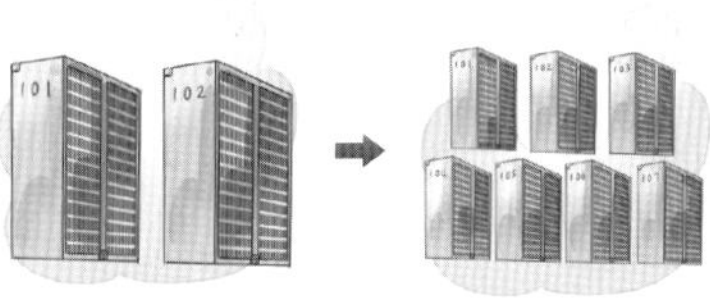 아파트가 ______________________________. (많다)

2. 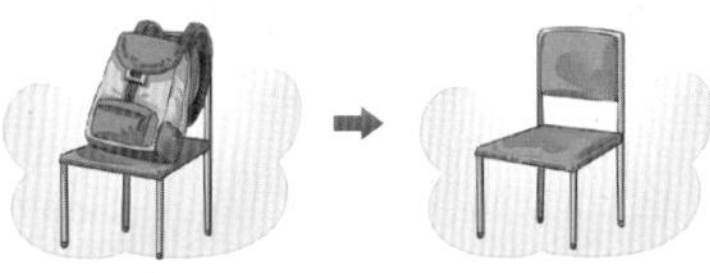 가방이 ______________________________. (없다)

3. 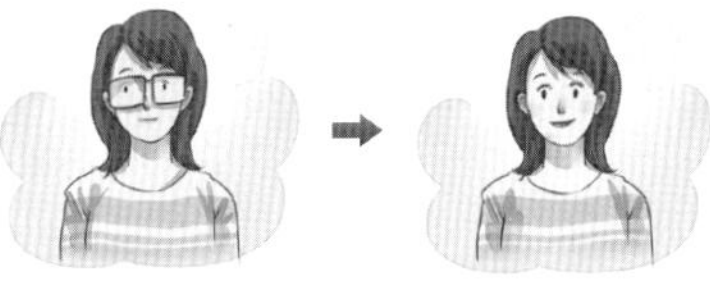 친구가 ______________________________. (예쁘다)

4. 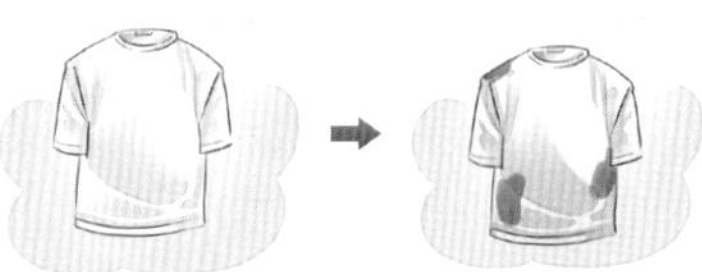 옷이 ______________________________. (더럽다)

5. 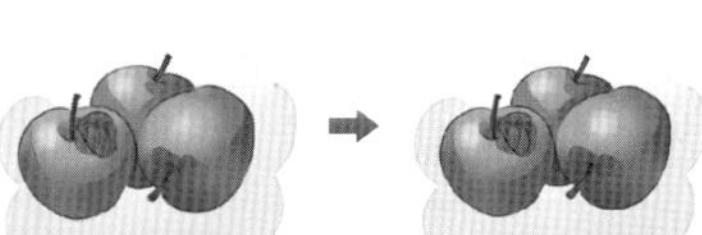 사과 값이 ______________________________. (비싸다)

2,000원 5,000원

Ⅱ. 알맞은 것을 골라 **보기** 와 같이 문장을 완성하십시오.

나쁘다	다르다	무겁다
쉽다	재미있다	조용하다

보기 친구들을 많이 사귀어서 한국 생활이 재미있어졌어요 어졌어요/아졌어요/여졌어요.

1. 텔레비전을 가까이에서 봐서 눈이 ______________________
   어졌어요/아졌어요/여졌어요.
2. 한국 친구를 자주 만나서 이야기하면 한국말 듣기가 ______________________
   어질/아질/여질 거예요.
3. 마크 씨는 친구들과 있을 때는 재미있게 이야기를 잘 하는데 처음 만나는 여자와 있으면 ______________________ 어져요/아져요/여져요.
4. 책을 많이 넣어서 가방이 ______________________
   어졌어요/아졌어요/여졌어요.
5. 오래간만에 서울에 왔는데 서울이 아주 많이 ______________________
   어졌어요/아졌어요/여졌어요.

2. -겠군요

Ⅰ. 그림을 보고 **보기** 와 같이 문장을 완성하십시오.

보기  아이스크림이 맛있겠군요.

1.  아이가 ______________________. (아프다)

2.  미선 씨가 ______________________. (기분이 좋다)

3.  영화가 ______________________. (무섭다)

4.  오후에 ______________________. (비가 오다)

5. 

부산에 ______________________. (10시에 도착하다)

Ⅱ. **보기** 와 같이 대화를 완성하십시오.

> **보기**
> 가: 오늘부터 백화점에서 세일을 해요.
> 나: 백화점에 사람들이 많겠군요.

1. 가: 저는 한국에 온 지 10년 됐어요.
   나: ________________________겠군요.

2. 가: 아직 아침을 못 먹었어요.
   나: ________________________겠군요.

3. 가: 요즘 일이 많아서 주말에도 회사에 가요.
   나: ________________________겠군요.

4. 가: 지난 일요일에 집에서 생일 파티를 했어요.
   나: ________________________었겠군요/았겠군요/였겠군요.

5. 가: 1년 전부터 술을 끊고 운동을 열심히 하고 있어요.
   나: ________________________었겠군요/았겠군요/였겠군요.

제3과 책 좀 같이 봐도 돼요?

1. 에다가

Ⅰ. 그림을 보고 **보기** 와 같이 문장을 완성하십시오.

보기 

커피에다가 설탕을 을/를 넣어요.

1.  ____________에다가 ____________을/를 쓰세요.

2.  ____________에다가 ____________을/를 거세요.

3.  ____________에다가 ____________을/를 꽂아요.

4.  ____________에다가 ____________을/를 붙여요.

5. 

____________에다가 ____________을/를 버리세요.

Ⅱ. 보기 와 같이 대화를 완성하십시오.

> 보기
> 가: 이 책을 어디에 놓을까요?
> 나: 책상에다가 놓으세요.

1. 가: 주소를 어디에 쓸까요?
   나: ______________________________.
2. 가: 옷을 어디에 넣을까요?
   나: ______________________________.
3. 가: 이 가방이 너무 무거운데요.
   나: 그럼 ______________________________.
4. 가: 국이 너무 싱거워요.
   나: 그럼 ______________________________.
5. 가: 저는 약속을 자꾸 잊어버려요.
   나: 그럼 ______________________________.

2. -어도/아도/여도 되다

Ⅰ. 어떻게 말하면 좋을까요? 보기 와 같이 문장을 완성하십시오.

> 보기
> 아침에 잊어버리고 휴대전화를 집에 두고 왔습니다.
> 미선 씨, 휴대전화를 써도 어도/아도/여도 돼요? (휴대전화를 쓰다)

1. 단어를 모르는데 사전이 없습니다.
   웨이 씨, ______________ 어도/아도/여도 돼요? (사전을 쓰다)
2. 친구와 약속했는데 바빠서 제시간에 갈 수 없습니다.
   영수 씨, ______________ 어도/아도/여도 돼요? (약속 시간을 바꾸다)

3. 옷가게에서 옷을 입어 보고 싶습니다.

저기요, ______________________ 어도/아도/여도 돼요?

(이 옷을 입어 보다)

4. 다음 주가 생일인데 하숙집에서 생일 파티를 하고 싶습니다.

아주머니, ______________________ 어도/아도/여도 돼요?

(집에서 생일 파티를 하다)

5. 반 모임을 하고 있는데 급한 일이 생겼습니다.

여러분, 미안하지만 ______________________ 어도/아도/여도 돼요?

(먼저 가다)

Ⅱ. **보기** 와 같이 대화를 완성하십시오.

보기
가: 빌린 공책을 내일 줘도 돼요?
나: 네, 내일 줘도 돼요.

1. 가: 창문을 열어도 돼요?
   나: 네, ______________________.
2. 가: 이 과자를 먹어도 돼요?
   나: 네, ______________________.
3. 가: ______________________?
   나: 그럼요, 신어 보세요.
4. 가: ______________________?
   나: 네, 빈자리예요. 여기 앉으세요.
5. 가: ______________________?
   나: 네, 먼저 퇴근하세요.

제4과 도서관에 들어가려면 학생증이 있어야 해요

1. –어야/아야/여야 하다

Ⅰ. 보기 와 같이 문장을 완성하십시오.

보기 도서관을 이용할 때는 학생증이 있어야 ~~어야/아야/여야~~ 합니다. (학생증이 있다)

1. 극장에서 영화를 볼 때는 ______________________ 어야/아야/여야 합니다. (휴대전화를 끄다)
2. 비행기를 탈 때는 공항에 ______________________ 어야/아야/여야 합니다. (두 시간 전에 도착하다)
3. 옷 가게에서 옷을 바꿀 때는 ______________________ 어야/아야/여야 합니다. (영수증이 있다)
4. 버스에서 내릴 때는 ______________________ 어야/아야/여야 합니다. (벨을 누르다)
5. 교실에서 친구가 발표를 할 때는 ______________________ 어야/아야/여야 합니다. (잘 듣다)

Ⅱ. 보기 와 같이 대화를 완성하십시오.

보기
가: 외국 회사에서 일을 하고 싶어요.
나: 그러면 영어를 잘 해야 ~~어야/아야/여야~~ 합니다.

1. 가: 저는 가수가 되고 싶어요.
   나: 그러면 ______________________ 어야/아야/여야 합니다.
2. 가: 몸이 건강해졌으면 좋겠어요.
   나: 그러면 ______________________ 어야/아야/여야 합니다.
3. 가: 과장님, 내일 몇 시까지 와야 합니까?
   나: 아침에 회의가 있으니까 ______________________ 어야/아야/여야 합니다.
4. 가: 얼마나 더 기다려야 합니까?
   나: 사람이 많아서 ______________________ 어야/아야/여야 합니다.
5. 가: 교수님, 기말 과제는 언제까지 내야 합니까?
   나: ______________________ 어야/아야/여야 합니다.

2. -으려면/려면

I. 보기 와 같이 대화를 완성하십시오.

> **보기**
> 가: 한국말을 잘하고 싶어요.
> 나: 한국말을 잘하려면 으려면/려면 한국 친구를 사귀세요.

1. 가: 좋은 회사에 취직하고 싶어요.
   나: ______________________ 으려면/려면 ______________________.
2. 가: 비행기 표를 싸게 사고 싶어요.
   나: ______________________ 으려면/려면 ______________________.
3. 가: 요즘 살이 많이 쪘어요. 살을 빼고 싶어요.
   나: ______________________ 으려면/려면 ______________________.
4. 가: 밤에 잠이 잘 안 와요. 어떻게 하지요?
   나: ______________________ 으려면/려면 ______________________.
5. 가: 시험에 떨어질 것 같아서 걱정이에요.
   나: ______________________ 으려면/려면 ______________________.

II. 보기 와 같이 문장을 완성하십시오.

> **보기**
> 시험을 잘 보려면 열심히 공부해야 해요.
> 시험을 잘 보면 장학금을 받을 수 있어요.

1. 장학금을 받으려면 ______________________.
   장학금을 받으면 ______________________.
2. 부자가 되려면 ______________________.
   부자가 되면 ______________________.
3. 해외여행을 가려면 ______________________.
   해외여행을 가면 ______________________.
4. 회사에서 승진을 하려면 ______________________.
   회사에서 승진을 하면 ______________________.
5. 한국 요리를 배우려면 ______________________.
   한국 요리를 배우면 ______________________.

제5과 박물관 안에서 사진을 찍어도 되나요?

1. -나요?, -은가요/ㄴ가요?

Ⅰ. 보기 와 같이 다음 문장을 바꿔 쓰십시오.

보기 일본사람이에요? ➡ 일본사람인가요?

1. 여기가 유명한 식당이에요? ➡ ____________________?
2. 명동에 사람이 많아요? ➡ ____________________?
3. 학교에 무엇으로 와요? ➡ ____________________?
4. 주말에 누구를 만났어요? ➡ ____________________?
5. 방학 동안 무엇을 할 거예요? ➡ ____________________?

Ⅱ. 광고를 보고 보기 와 같이 질문을 만드십시오.

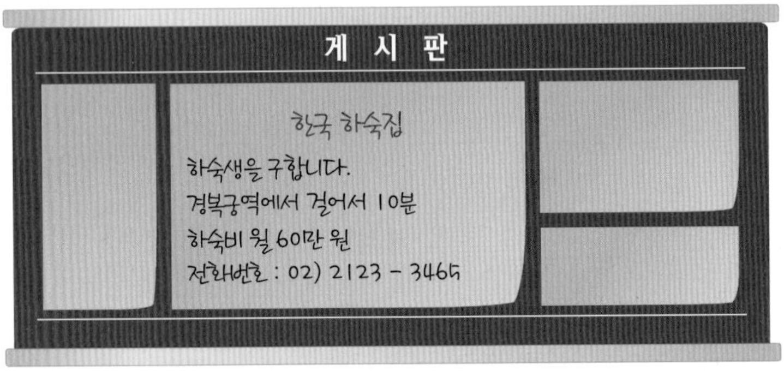

가: 네, 한국 하숙집입니다.
나: 거기에서 하숙을 하고 싶어서 전화했습니다. 보기 방을 혼자 쓸 수 있나요?
가: 네, 혼자 쓸 수 있습니다.
나: ❶ ____________________?
가: 네, 침대가 있습니다.
나: ❷ ____________________?
가: 네, 그런데 식사는 아침하고 저녁만 드립니다.
나: ❸ ____________________?
가: 네, 마트는 걸어서 5분쯤 걸립니다.
나: ❹ ____________________?
가: 지하철역은 가까운데 버스정류장은 좀 멉니다.
나: ❺ ____________________? 저는 시끄러우면 잠을 잘 수가 없어서요.
가: 저희 하숙집은 조용한 곳에 있습니다.
나: 네, 알겠습니다. 제가 다시 연락하겠습니다.

2. -으면/면 안 되다

Ⅰ. 기숙사 규칙을 보고 **보기** 와 같이 문장을 만드십시오.

기숙사에서 지켜야 할 것

- 밤늦게 들어오지 마십시오.
- 기숙사에서 술을 마시지 마십시오
- 방 안에서 음식을 만들지 마십시오.
- 친구를 데리고 오지 마십시오.
- 밤늦게 큰 소리로 떠들지 마십시오.
- 기숙사 안에서 담배를 피우지 마십시오.

보기 밤늦게 들어오면으면/면 안 됩니다.

1. ______________________________으면/면 안 됩니다.
2. ______________________________으면/면 안 됩니다.
3. ______________________________으면/면 안 됩니다.
4. ______________________________으면/면 안 됩니다.
5. ______________________________으면/면 안 됩니다.

Ⅱ. **보기** 와 같이 대화를 완성하십시오.

보기 가: 여기에 들어가도 돼요?
나: 아니요, 들어가면 안 돼요.

1. 가: 수업 시간에 영어로 말해도 돼요?
   나: 아니요, ______________________________.
2. 가: 여기에 쓰레기를 버려도 돼요?
   나: 아니요, ______________________________.
3. 가: 엄마, 게임을 해도 돼요?
   나: 아니, ______________________________.
4. 가: 신발을 신고 방에 들어가도 돼요?
   나: 아니요, ______________________________.
5. 가: 비행기에서 휴대전화를 사용해도 돼요?
   나: 아니요, ______________________________.

제6과 아무 데나 앉으면 안 되는군요

1. -는데, -은데/ㄴ데

Ⅰ. 관계있는 것을 연결하여 보기 와 같이 한 문장으로 만드십시오.

날씨가 좋아요	좀 빌려 주세요
모두들 기다려요	빨리 오세요
뉴스는 재미없어요	에어컨을 켭시다
교실이 좀 덥습니다	드셔 보세요
제가 만든 케이크예요	공원에 산책하러 갑시다
사전을 안 가지고 왔어요	음악 프로그램을 봅시다

보기 날씨가 좋은데 ~~는데/은데/ㄴ데~~ 공원에 산책하러 갑시다.

1. ______________ 는데/은데/ㄴ데 ______________.
2. ______________ 는데/은데/ㄴ데 ______________.
3. ______________ 는데/은데/ㄴ데 ______________.
4. ______________ 는데/은데/ㄴ데 ______________.
5. ______________ 는데/은데/ㄴ데 ______________.

Ⅱ. **보기** 와 같이 대화를 완성하십시오.

보기

가: 내일 같이 영화를 볼까요?

나: 내일은 약속이 있는데 는데/은데/ㄴ데 모레 봅시다.

1. 

가: 마크 씨 생일에 무슨 음식을 먹으러 갈까요?

나: ______________ 는데/은데/ㄴ데 ______________.

2. 

가: 집에 걸어서 갈까요?

나: ______________ 는데/은데/ㄴ데 ______________.

3. 

가: 책상을 사야 하는데 어디에서 책상을 싸게 팔아요?

나: ______________ 는데/은데/ㄴ데 ______________.

4. 

가: 어디로 여행을 가면 좋을까요?

나: ______________ 는데/은데/ㄴ데 ______________.

5. 

가: 이제 출발해야 해요. 모두 다 왔어요?

나: ______________ 는데/은데/ㄴ데 ______________.

2. 아무

Ⅰ. 알맞은 것을 골라 **보기** 와 같이 문장을 완성하십시오.

아무나	아무거나	아무 때나	아무 데나	아무 옷이나	아무에게나

보기 그 일은 어렵지 않아서 아무나 할 수 있습니다.

1. 편의점은 ________________ 가서 물건을 살 수 있습니다.
2. 저는 ________________ 다 잘 먹는 사람이 좋습니다.
3. 결혼식에 갈 때 ________________ 입고 가면 안 됩니다.
4. 쓰레기를 ________________ 버리면 안 됩니다.
5. 이 이야기는 ________________ 말하지 마세요.

Ⅱ. **보기** 와 같이 대화를 완성하십시오.

보기
가: 무슨 차를 드시겠습니까?
나: 아무 차나 주세요.

1. 가: 어떤 영화를 볼까요?
   나: ________________________ 봅시다.
2. 가: 점심 때 뭘 먹을까요?
   나: ________________________ 먹어요.
3. 가: 무슨 색으로 드릴까요?
   나: ________________________ 괜찮아요.
4. 가: 어디로 여행을 갈까요?
   나: ____.
5. 가: 내일 몇 시쯤 전화할까요?
   나: ____.

제7과 김치를 볶다가 밥을 넣어

1. -는다/ㄴ다, -다, -니?, -어라/아라/여라, -자

Ⅰ. 보기 와 같이 반말로 바꾸십시오.

보기 날마다 학교에 갑니다. ➡ 날마다 학교에 간다.

1. 한 달에 책을 두 권쯤 읽습니다. ➡ ______________________.
2. 그 식당에는 항상 사람이 많습니다. ➡ ______________________.
3. 어제 무엇을 했습니까? ➡ ______________________.
4. 수업이 끝나면 빨리 집에 오십시오. ➡ ______________________.
5. 오늘은 바쁘니까 내일 만납시다. ➡ ______________________.

Ⅱ. 보기 와 같이 반말로 대답하십시오.

보기
가: 내일 몇 시에 어디에서 만날까요?
나: 한 시에 학교 앞에서 만나자.

1. 가: 새로 산 옷인데 어때요? 잘 어울려요?
   나: 그래, ______________________.
2. 가: 이번 방학 때 제주도에 갈 거예요.
   나: ______________________?
   가: 고향 친구들과 같이 갈 거예요.
3. 가: 아버지, 이 신문을 어디에다가 놓을까요?
   나: ______________________.
4. 가: 우리 반 모임은 어디에서 할까?
   나: ______________________.
5. 가: 어제 일이 많아서 두 시간밖에 못 잤어.
   나: ______________________.

2. -다가

Ⅰ. 그림을 보고 **보기** 와 같이 문장을 만드십시오.

보기  드라마를 보다가 울었어요.

1. 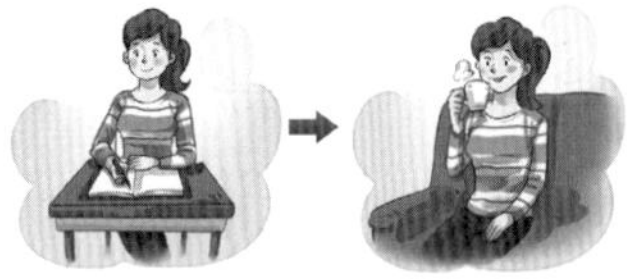 ______________________________.

2. 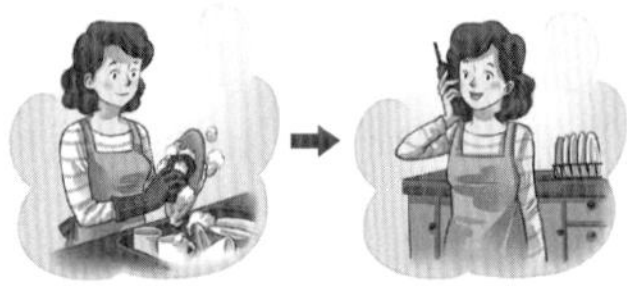 ______________________________.

3. 

______________________________.

4. 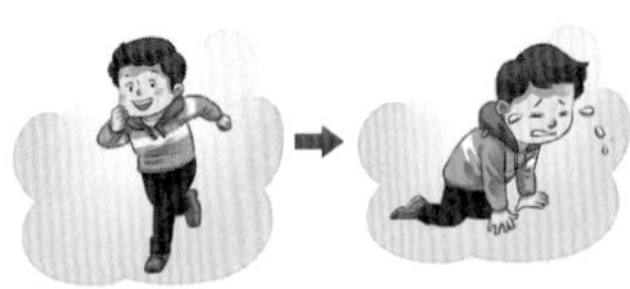 ______________________________.

5.  ______________________________.

Ⅱ. **보기** 와 같이 대화를 완성하십시오.

> **보기**
> 가: 이 사진을 어디에서 찾았어요?
> 나: 청소하다가 책상 밑에서 찾았어요.

1. 가: 지금도 그 회사에 다녀요?
   나: 아니요, ____________________다가______________________________.

2. 가: 등산을 갔을 때 산꼭대기까지 올라갔어요?
   나: 아니요, ____________________다가______________________________.

3. 가: 어떻게 하다가 이렇게 팔을 다쳤어요?
   나: ________________________다가______________________________.

4. 가: 실례지만, 이 근처에 지하철역이 어디에 있어요?
   나: ________________________다가______________________________.

5. 가: 왜 아까 영화를 보다가 나갔어요?
   나: ________________________다가______________________________.

제8과 친구 집에 잘 갔다가 왔어요?

1. -었다가/았다가/였다가

Ⅰ. 관계있는 것을 연결하여 **보기** 와 같이 한 문장으로 만드십시오.

고향에 갔어요	합시다
잠깐 문을 열었어요	지웠어요
텔레비전을 켰어요	왔어요
이름을 썼어요	넣었어요
지갑에서 돈을 꺼냈어요	껐어요
잠깐 쉬었어요	닫으세요

보기 고향에 갔다가 ~~었다가/았다가/였다가~~ 왔어요.

1. ______________ 었다가/았다가/였다가 ______________.
2. ______________ 었다가/았다가/였다가 ______________.
3. ______________ 었다가/았다가/였다가 ______________.
4. ______________ 었다가/았다가/였다가 ______________.
5. ______________ 었다가/았다가/였다가 ______________.

Ⅱ. 문장을 읽고 맞으면 O, 틀리면 X 하십시오.

보기 영화를 봤다가 잤어요. (X)

1. 에어컨을 켜다가 추워서 껐어요. (   )
2. 코트를 입었다가 더워서 벗었어요. (   )
3. 옷을 샀다가 작아서 바꿨어요. (   )
4. 2호선을 타고 가다가 시청역에서 1호선으로 갈아타세요. (   )
5. 숙제를 했다가 모르는 단어가 있으면 친구한테 물어보세요. (   )

2. -으니까/니까

Ⅰ. 그림을 보고 **보기** 와 같이 문장을 만드십시오.

보기  창문 밖을 보니까~~으니까/니까~~ 눈이 오고 있었어요.

1.  ______________________으니까/니까 치에 씨가 있었어요.

2.  ______________________으니까/니까 별로 맵지 않았어요.

3.  ______________________으니까/니까 드라마를 하고 있었어요.

4. 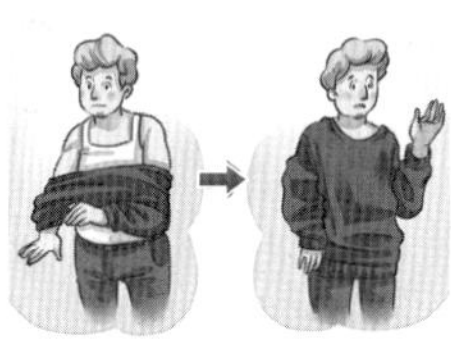 ______________________으니까/니까 ______________________.

5.  ______________________으니까/니까 ______________________.

Ⅱ. **보기** 와 같이 대화를 완성하십시오.

> **보기**
> 가: 집에 갔을 때 누가 있었어요?
> 나: 집에 가니까으니까/니까 동생이 있었어요.

1. 가: 아침에 일어나니까 몇 시였어요?

   나: ______________________________으니까/니까 9시였어요.

2. 가: 이 초밥이 맛있지요?

   나: ______________________________으니까/니까 고향 생각이 나는군요.

3. 가: 운전해 보니까 어렵지요?

   나: 아니요, ________________________으니까/니까 __________________________.

4. 가: 한국어를 배워 보니까 어때요?

   나: ______________________________으니까/니까 __________________________.

5. 가: 기숙사에서 살아 보니까 어때요?

   나: ______________________________으니까/니까 __________________________.

제9과 이 옷을 입으면 키가 커 보이겠다

1. -어/아/여 보이다

Ⅰ. 알맞은 것을 골라 **보기** 와 같이 문장을 완성하십시오.

민호

제시카

제임스

유미

영수

비키

피곤하다 슬프다 즐겁다 행복하다 외롭다 힘들다

보기 민호는 피곤해~~어/아/~~여 보여요.

1. 제시카는 ______________________ 어/아/여 보여요.
2. 제임스는 ______________________ 어/아/여 보여요.
3. 유미는 ______________________ 어/아/여 보여요.
4. 영수는 ______________________ 어/아/여 보여요.
5. 비키는 ______________________ 어/아/여 보여요.

Ⅱ. 알맞은 것을 골라 **보기** 와 같이 문장을 완성하십시오.

어리다 **기분이 좋다** 맛있다 바쁘다 재미없다 작다

보기 영수 씨, 오늘 기분이 좋아~~어/아/여~~ 보여요. 무슨 좋은 일이 있어요?

1. 영희 씨, 머리를 자르니까 __________ 어/아/여 보여요.
2. 떡볶이가 아주 __________ 어/아/여 보여요. 배가 좀 고픈데 먹고 갈까요?
3. 웨이 씨는 요즘 __________ 어/아/여 보여요. 이것저것 할 일이 많은 것 같아요.
4. 방에 물건이 너무 많아서 방이 __________ 어/아/여 보여요. 필요 없는 물건은 버리세요.
5. 영화 광고를 봤는데 영화가 아주 __________ 어/아/여 보였어요. 그 영화는 보지 않을 거예요.

2. ㅅ 동사

Ⅰ. 틀린 것을 고르십시오.

보기 잇다: (❷) ❶ 잇고 ❷ 이는 ❸ 이어요 ❹ 이어서

1. 긋다: (   ) ❶ 그어요 ❷ 그으면 ❸ 그겠어요 ❹ 그으니까
2. 낫다: (   ) ❶ 나은 ❷ 나아서 ❸ 나으면 ❹ 나습니다
3. 짓다: (   ) ❶ 짓었어요 ❷ 지으세요 ❸ 지어서 ❹ 지으면
4. 붓다: (   ) ❶ 붓습니다 ❷ 부어서 ❸ 부은 ❹ 부는군요
5. 젓다: (   ) ❶ 저으려고 ❷ 저을 ❸ 젓어서 ❹ 젓습니다

Ⅱ. 알맞은 것을 골라 **보기** 와 같이 대화를 완성하십시오.

낫다 붓다 짓다 젓다 긋다

보기

가: 까만색과 파란색 가방 중에서 어떤 가방을 살까요?

나: 까만색이 더 나으니까 ~~으니까/니까~~ 이걸 사세요.

1.

가: 목이 많이 부어서 말하기가 힘들어요.

나: ____________________ 었을/았을/였을 때는 물을 많이 마시면 좋아요.

2.

가: 미선 씨는 누가 이름을 지어 주셨어요?

나: 제 이름은 ____________________ 었어요/았어요/였어요.

3.

가: 영수 씨, 아직도 몸이 안 좋아요?

나: 아니요, 어제 약을 먹고 푹 쉬어서 병이 다 ____________________ 었어요/았어요/였어요.

4.

가: 선생님, 이야기가 너무 길고 어려워서 잘 모르겠어요.

나: 그럼 우선 모르는 단어에 밑줄을 ____________________ 어/아/여 보세요.

5.

가: 카레는 어떻게 만들어요?

나: 냄비에 채소를 볶다가 카레를 넣고 잘 ____________________ 으면/면 돼요.

제10과 기념품이 친구들 마음에 들지 모르겠어요

1. -어/아/여 가지고

Ⅰ. 관계있는 것을 연결하여 **보기** 와 같이 한 문장으로 만드십시오.

자동차를 빌리다	새 휴대전화를 샀어요
케이크를 사다	소풍을 갈 거예요
한국말을 배우다	부산으로 여행을 갔어요
김밥을 만들다	한국 회사에서 일하고 싶어요
돈을 모으다	부모님께 보여 드렸어요
사진을 찍다	친구 집에 갔어요

보기 자동차를 빌려 ~~어/아/여~~ 가지고 부산으로 여행을 갔어요.

1. ______________ 어/아/여 가지고 ______________.
2. ______________ 어/아/여 가지고 ______________.
3. ______________ 어/아/여 가지고 ______________.
4. ______________ 어/아/여 가지고 ______________.
5. ______________ 어/아/여 가지고 ______________.

Ⅱ. **보기** 와 같이 대화를 완성하십시오.

보기
가: 고향에 돌아갈 때 뭘 사 가지고 갈 거예요?
나: 화장품과 과자를 사 ~~어/아/여~~ 가지고 갈 거예요.

1. 가: 소풍을 갈 때 무슨 음식을 만들어 가지고 갈까요?
   나: ______________ 어/아/여 가지고 ______________.
2. 가: 미선 씨 생일 파티에 갈 때 뭘 사 가지고 갔어요?
   나: ______________ 어/아/여 가지고 ______________.
3. 가: 돈을 모아서 뭘 하려고 해요?
   나: ______________ 어/아/여 가지고 ______________.
4. 가: 선생님, 숙제를 언제까지 해야 해요?
   나: ______________ 어/아/여 가지고 ______________.
5. 가: 식당에서 음식을 먹다가 남으면 어떻게 해요?
   나: ______________ 어/아/여 가지고 ______________.

2. -을지/ㄹ지 모르겠다

Ⅰ. 그림을 보고 이야기를 완성하십시오.

1. 

친구들을 초대해서 고향 음식을 만들었습니다.

____.

2. 

내일 친구들과 등산을 갈 거예요.

____.

3. 

친구한테서 한국어 책을 선물로 받았어요.

책이 어려워서 ____________________________________.

4. 

한국말 말하기 대회에 나가요.

____.

5. 

내일 학교에서 시험을 봐요.

____.

Ⅱ. **보기** 와 같이 대화를 완성하십시오.

> **보기**
> 가: 제시간에 도착할 수 있을까요?
> 나: 글쎄요, 길이 막혀서 제시간에 도착할 수 있을지~~을지/ㄹ지~~ 모르겠어요.

1. 가: 지금 가면 표를 살 수 있을까요?
   나: 글쎄요, ______________________________ 을지/ㄹ지 모르겠어요.
2. 가: 내일 파티에 사람들이 많이 올까요?
   나: 글쎄요, ______________________________ 을지/ㄹ지 모르겠어요.
3. 가: 오늘까지 이 일을 다 끝낼 수 있어요?
   나: ______________________________ 을지/ㄹ지 모르겠어요.
4. 가: 미선 씨가 지금 집에 있을까요?
   나: ______________________________ 을지/ㄹ지 모르겠어요.
5. 가: 다음 학기에도 계속 공부할 거예요?
   나: ______________________________ 을지/ㄹ지 모르겠어요.

제11과 주말에 그냥 집에서 쉴까 해요

1. -을까/ㄹ까 하다

Ⅰ. 그림을 보고 **보기** 와 같이 대화를 완성하십시오.

보기

가: 주말에 뭘 할 거예요?
나: 영화를 볼까 해요.

1.

가: 점심을 먹고 뭘 할 거예요?
나: ______________________.

2.

가: 휴가 때 뭘 할 거예요?
나: ______________________.

3.

가: 졸업하고 취직할 거예요?
나: 아니요, ______________________.

4.

가: 방학 때 뭘 할 거예요?
나: ______________________.

5.

가: 언제 출발할 거예요?
나: ______________________.

Ⅱ. **보기** 와 같이 대화를 완성하십시오.

> **보기**
> 가: 방학 때 어느 나라로 여행을 갈 거예요?
> 나: 호주로 여행을 갈까~~을까/ㄹ까~~ 해요.

1. 가: 이번 토요일에 뭘 할 거예요?

   나: ____________________을까/ㄹ까 해요.

2. 가: 한국에 고향 친구가 오면 뭘 할 거예요?

   나: ____________________을까/ㄹ까 해요.

3. 가: 저녁에 뭘 드실 거예요?

   나: ____________________을까/ㄹ까 해요.

4. 가: 다음 학기에도 그 하숙집에서 살 거예요?

   나: ____________________을까/ㄹ까 해요.

5. 가: 언제 결혼할 계획이에요?

   나: ____________________을까/ㄹ까 해요.

2. -지 말고

Ⅰ. 관계있는 것을 연결하여 **보기** 와 같이 한 문장으로 만드십시오.

영어로 말하지 마세요	물을 자주 드세요
주말에 만나지 맙시다	걸어서 갑시다
커피를 많이 마시지 마세요	같이 합시다
택시를 타지 맙시다	일찍 일어나세요
혼자 일하지 마세요	목요일에 만납시다
늦게 일어나지 마세요	한국말로 하세요

보기 영어로 말하지 말고 한국말로 하세요.

1. ______________ 지 말고 ______________.
2. ______________ 지 말고 ______________.
3. ______________ 지 말고 ______________.
4. ______________ 지 말고 ______________.
5. ______________ 지 말고 ______________.

Ⅱ. **보기** 와 같이 대화를 완성하십시오.

보기
가: 일요일에 영화를 보러 갈까요?
나: 영화를 보지 말고 박물관에 갑시다.

1. 가: 저는 옷을 살 때 항상 백화점에 가요.
   나: ______________ 지 말고 시장에도 가 보세요.
2. 가: 저는 주말에 집에만 있어요.
   나: ______________ 지 말고 밖에 나가서 친구들을 만나세요.
3. 가: 저는 한국말을 잘 못해서 일본 친구들만 만나요.
   나: ______________ 지 말고 한국 친구도 사귀어 보세요.
4. 가: 심심한데 컴퓨터 게임을 할까요?
   나: ______________ 지 말고 ______________.
5. 가: 약속 시간이 20분 지났는데 영수 씨가 오지 않는군요. 그냥 갑시다.
   나: ______________ 지 말고 ______________.

제12과 친구와 같이 음악회에 가기로 했어

1. -기로 하다

Ⅰ. 대화를 읽고 **보기** 와 같이 문장을 만드십시오.

은 영: **보기** 다음 주말에 경주로 여행 갑시다. 어때요?

아사코: 좋아요. 그럼 고속버스를 타고 갈까요?

은 영: 고속버스보다 기차를 타고 가는 게 빠르지 않을까요?

아사코: 그럼, ❶ 기차를 타고 갑시다. 잠은 어디에서 자는 게 좋을까요?

은 영: ❷ 경치도 좋고 밥도 해 먹을 수 있는 펜션에서 잡시다.

아사코: 오전에 출발할까요? 오후에 출발할까요?

은 영: ❸ 구경할 것이 많으니까 오전 7시에 출발합시다.

아사코: 어디에서 만나서 갈까요?

은 영: ❹ 기차를 타고 가니까 서울역 앞에서 만납시다.

아사코: 점심은 제가 준비할까요?

은 영: 아니요, ❺ 경주에 맛있는 음식이 많으니까 점심을 사 먹읍시다.

보기 다음 주말에 경주로 여행을 가기로 했어요.

1. ______________________________ 기로 했어요.
2. ______________________________ 기로 했어요.
3. ______________________________ 기로 했어요.
4. ______________________________ 기로 했어요.
5. ______________________________ 기로 했어요.

Ⅱ. 이번 학기가 끝나고 반 친구들이 결심을 했습니다. **보기** 와 같이 문장을 완성하십시오.

보기  다음 학기에는 더 열심히 공부할 거야!

1.  방학 때 아르바이트를 할 거야!

2.  내일부터 아침에 일찍 일어날 거야!

3.  컴퓨터 게임을 하지 않을 거야!

4.  한국 친구를 사귈 거야!

5.  담배를 끊을 거야!

보기 다음 학기에는 더 열심히 공부하기로 했어요.

1. ______________________________.
2. ______________________________.
3. ______________________________.
4. ______________________________.
5. ______________________________.

2. -는데요?, -은데요/ㄴ데요?

Ⅰ. **보기** 와 같이 대화를 완성하십시오.

보기 가: 어제 본 영화가 아주 재미있었어요.
나: 무슨 영화를 봤는데요~~는데요/은데요/ㄴ데요~~?

1. 가: 내일은 학교에 못 올 것 같아요
   나: ______________________ 는데요/은데요/ㄴ데요? (왜 못 오다)
2. 가: 토요일에 웨이 씨와 만나기로 했어요.
   나: ______________________ 는데요/은데요/ㄴ데요? (몇 시에 만나다)
3. 가: 한국에는 유명한 관광지가 많아요.
   나: ______________________ 는데요/은데요/ㄴ데요?
4. 가: 이 가방은 아주 비싸요.
   나: ______________________ 는데요/은데요/ㄴ데요?
5. 가: 주말에 명동에 갈 거예요.
   나: ______________________ 는데요/은데요/ㄴ데요?

Ⅱ. 대화를 읽고 **보기** 와 같이 문장을 만드십시오.

가: 미선 씨, 지난 주에 뭐 했어요?
나: 서울의 여러 곳을 구경했어요.
가: **보기** 누구와 구경했는데요?
나: 부모님께서 서울에 오셔서 부모님과 같이 구경했어요.
가: ❶ ______________________?
나: 여기저기를 구경했는데 명동과 인사동이 가장 좋았어요.
가: 거기에서 ❷ ______________________?
나: 쇼핑도 하고 한국 음식도 먹었어요.
가: ❸ ______________________?
나: 삼계탕도 먹고 한국 전통 차와 한과도 먹었어요.
가: 한과요? 한과가 ❹ ______________________?
나: 한과는 차와 함께 먹는 한국의 전통 과자예요.
가: 그렇군요. 부모님께서는 고향에 ❺ ______________________?
나: 그저께 고향에 가셨어요.

제13과 남대문 시장에는 뭐든지 다 있어요

1. -을지/ㄹ지 -을지/ㄹ지

Ⅰ. 보기 와 같이 문장을 연결하십시오.

> 보기
> 국내 여행을 가다 / 해외여행을 가다 / 아직 잘 모르겠어요
> ➡ 국내 여행을 갈지 해외여행을 갈지 아직 잘 모르겠어요.

1. 하숙집에 살다 / 기숙사에 살다 / 생각 중이에요

   ➡ ______________________________.

2. 바다로 가다 / 산으로 가다 / 잘 모르겠어요

   ➡ ______________________________.

3. 취직을 하다 / 대학원에 가다 / 아직 정하지 못했어요

   ➡ ______________________________.

4. 명동에서 만나다 / 서울역에서 만나다 / 정합시다

   ➡ ______________________________.

5. 회사를 그만두다 / 계속 다니다 / 고민이에요

   ➡ ______________________________.

Ⅱ. 보기 와 같이 대화를 완성하십시오.

> 보기
> 가: 몇 급까지 공부하실 거예요?
> 나: 5급까지 공부할지 ~~을지/ㄹ지~~ 6급까지 공부할지 ~~을지/ㄹ지~~ 생각 중이에요.

1. 가: 유학을 어디로 갈지 정하셨어요?
   나: 아니요, __________ 을지/ㄹ지 __________ 을지/ㄹ지 __________.
2. 가: 부모님 생신 때 무슨 선물을 드릴 거예요?
   나: __________ 을지/ㄹ지 __________ 을지/ㄹ지 __________.
3. 가: 오후에 무슨 영화를 볼 거예요?
   나: __________ 을지/ㄹ지 __________ 을지/ㄹ지 __________.
4. 가: 내일 파티에 무슨 옷을 입고 갈 거예요?
   나: __________ 을지/ㄹ지 __________ 을지/ㄹ지 __________.
5. 가: 결혼하고 신혼여행은 어디로 가세요?
   나: __________ 을지/ㄹ지 __________ 을지/ㄹ지 __________.

2. -이든지/든지

Ⅰ. 알맞은 것을 골라 **보기** 와 같이 문장을 완성하십시오.

언제	누구	얼마	뭐	어디

보기 공부하다가 모르면 언제든지~~이든지/든지~~ 물어 보세요.

1. 20세 이상이면 ____________이든지/든지 신청할 수 있습니다.
2. 책을 읽고 싶으면 ____________이든지/든지 와서 보세요.
3. 엄마가 만드신 음식은 ____________이든지/든지 다 맛있어요.
4. 뷔페식당에서는 먹고 싶으면 ____________이든지/든지 먹어도 돼요.
5. 그 사람과 함께 가는 곳은 ____________이든지/든지 다 좋아요.

Ⅱ. **보기** 와 같이 대화를 완성하십시오.

보기
가: 휴가 때 어디로 여행을 갈까요?
나: 바다가 있는 곳이면 어디든지 좋아요.

1. 가: 점심 때 뭘 먹고 싶어요?
   나: 한식이면 ______________________________.
2. 가: 동아리에는 누가 들어갈 수 있나요?
   나: 학생이면 ______________________________.
3. 가: 어떤 회사에서 일하고 싶어요?
   나: 한국에서 일할 수 있으면 ______________________________.
4. 가: 주말에 몇 시쯤 전화 드릴까요?
   나: 밤 10시 전이면 ______________________________.
5. 가: 음식을 조금 더 먹을 수 있어요?
   나: 네, 많이 만들었으니까 ______________________________.

제14과 제주도만큼 경치가 아름다운 곳도 없어요

1. 만큼

Ⅰ. 알맞은 것을 골라 **보기** 와 같이 문장을 완성하십시오.

돈	명동	복습	**어른**	어머니	작년

보기 그 아이는 어른만큼 키가 커요.

1. 요즘 강남도 ____________만큼 복잡해졌어요.
2. 아버지도 ____________만큼 요리를 잘하세요.
3. 올해도 ____________만큼 비가 많이 왔어요.
4. 예습도 ____________만큼 중요하니까 날마다 해야 해요.
5. 시간도 ____________만큼 중요하니까 약속 시간을 잘 지켜야 해요.

Ⅱ. **보기** 와 같이 대화를 완성하십시오.

보기
가: 세계에서 어느 나라가 가장 커요?
나: 러시아만큼 ~~큰는/은/ㄴ~~ 나라~~는/은~~/는 없어요.

1. 가: 한국 음식 중에서 무슨 음식이 유명해요?
   나: ____________만큼 ____________는/은/ㄴ ____________은/는 없어요.
2. 가: 한국에서 경치가 아름다운 곳이 어디예요?
   나: ____________만큼 ____________는/은/ㄴ ____________은/는 없어요.
3. 가: 친구 중에서 누가 노래를 잘해요?
   나: ____________만큼 ____________는/은/ㄴ ____________은/는 없어요.
4. 가: 한국어를 공부할 때 무엇이 가장 어려워요?
   나: ____.
5. 가: 이 세상에서 가장 중요한 것이 뭐예요?
   나: ____.

2. -는지 알다/모르다, -은지/ㄴ지 알다/모르다

Ⅰ. **보기** 와 같이 문장을 바꾸십시오.

> **보기** 요즘 링링 씨가 무엇을 공부해요?
> ➡ 요즘 링링 씨가 무엇을 공부하는지~~는지/은지/ㄴ지~~ 아세요?

1. 이 음식은 어떻게 먹어요?

   ➡ ______________________________ 는지/은지/ㄴ지 아세요?

2. 언제 시험을 봐요?

   ➡ ______________________________ 는지/은지/ㄴ지 아세요?

3. 어디가 물건 값이 싸요?

   ➡ ______________________________ 는지/은지/ㄴ지 아세요?

4. 마리아 씨 전화번호가 몇 번이에요?

   ➡ ______________________________ ?

5. 왜 제임스 씨가 학교에 안 왔어요?

   ➡ ______________________________ ?

Ⅱ. **보기** 와 같이 대화를 완성하십시오.

> **보기** 가: 미선 씨, 유카 씨가 무슨 꽃을 좋아하는지 아세요?
> 나: 네, 무슨 꽃을 좋아하는지 알아요. 장미꽃을 좋아해요.

1. 가: ______________________________ ?

   나: 네, 비자를 연장하려면 외국인등록증이 필요해요.

2. 가: ______________________________ ?

   나: 아니요, 요즘 무슨 영화가 재미있는지 몰라요.

3. 가: ______________________________ ?

   나: 네, 알아요. 은행은 9시에 문을 열어요.

4. 가: 지하철 요금이 얼마인지 아세요?

   나: 아니요, ______________________________ .

5. 가: 어제 마크 씨가 누구를 만났는지 아세요?

   나: 네, ____________________ . ____________________ .

제15과 힘들어도 좋은 경험이 될 거예요

1. -어서/아서/여서 그런지

Ⅰ. 그림을 보고 **보기** 와 같이 문장을 완성하십시오.

보기 링링 씨는 시험이 있어서~~어서/아서/여서~~ 그런지 요즘 열심히 공부해요.

1. 치에 씨는 ____________________어서/아서/여서 그런지 친구가 많아요.

2. 마크 씨는 ____________________어서/아서/여서 그런지 계속 웃어요.

3. 유카 씨는 ____________________어서/아서/여서 그런지 한국말을 잘 해요.

4. 왕밍 씨는 ____________________어서/아서/여서 그런지 계속 의자에 앉아서 자고 있어요.

5. 제임스 씨는 ____________________어서/아서/여서 그런지 옆에 있는 친구와 말을 안 해요.

Ⅱ. **보기** 와 같이 대화를 완성하십시오.

> **보기**
> 가: 미선 씨, 오늘 좀 피곤해 보이는데요.
> 나: 요즘 잠을 못 자서 그런지 피곤해요.

1. 가: 영수 씨, 요즘 건강해진 것 같아요.
   나: ________________________________.
2. 가: 명동은 항상 이렇게 복잡해요?
   나: ________________________________.
3. 가: 제주도에는 관광객이 많군요.
   나: ________________________________.
4. 가: 마리아 씨, 왜 식사를 안 하세요?
   나: ________________________________.
5. 가: 리에 씨는 왜 반 모임에 나오지 않을까요?
   나: ________________________________.

2. -어도/아도/여도

Ⅰ. 관계가 있는 것을 연결하여 **보기** 와 같이 한 문장으로 만드십시오.

피곤하다 •	• 운동을 할 거예요
약을 먹다 •	• 열심히 공부해요
날씨가 춥다 •	• 취하지 않아요
택시를 타다 •	• 나아지지 않아요
술을 많이 마시다 •	• 항상 손님이 많아요
서비스가 좋지 않다 •	• 늦을 것 같아요

보기 피곤해도어도/아도/여도 열심히 공부해요.

1. ______________ 어도/아도/여도 ______________.
2. ______________ 어도/아도/여도 ______________.
3. ______________ 어도/아도/여도 ______________.
4. ______________ 어도/아도/여도 ______________.
5. ______________ 어도/아도/여도 ______________.

Ⅱ. 보기 와 같이 대화를 완성하십시오.

보기
가: 오랜만에 등산을 하니까 힘들어요. 그만 내려갈까요?
나: 힘들어도 정상까지 올라갑시다.

1. 가: 아프면 오늘은 집에서 쉬세요.
   나: ______________.

2. 가: 설명서를 보면 사용할 수 있겠지요?
   나: ______________.

3. 가: 열심히 공부하니까 한국말 실력이 좋아질 거예요.
   나: ______________.

4. 가: 내일 소풍을 가기로 했는데 비가 오면 어떻게 할 거예요?
   나: ______________.

5. 가: 사랑하는 사람과 결혼을 하려고 하는데 부모님께서 반대하시면 어떻게 할 거예요?
   나: ______________.

부록

3. 듣기 지문

제1과 한국말을 배운 지 6개월 됐어요

과제 3 01-3,4,5,6,7

1. 1)

김 과장: 여러분, 이번에 우리 회사에 들어온 이영수 씨를 소개하겠습니다.
이영수 : 안녕하십니까? 이영수입니다. 많이 가르쳐 주십시오.

2)

영 수: 미선 씨, 여기는 제 여자 친구 최유미예요.
미 선: 안녕하세요? 이야기 많이 들었는데 이렇게 생일파티에서 만나는군요.
반가워요. 저는 김미선이에요.

3)

미 선: 미국에 여행하러 가세요?
지 은: 아니요, 언니가 미국에 있어서 만나러 가요.
미 선: 저는 여름휴가를 보내러 가요. 제 이름은 김미선이에요.
지 은: 저는 이지은이에요.

2.

유 카: 안녕하세요? 저는 유카예요. 일본에서 왔어요.
왕 밍: 안녕하세요? 저는 왕밍이에요. 전 여기에서 1급부터 공부했어요.
유 카: 저는 이번에 처음 들어왔어요.
왕 밍: 그런데 한국말을 잘하시는군요. 혹시 한국어를 전공했어요?
유 카: 아니요, 제 전공은 역사학이에요. 한국 친구한테서 한국말을 배웠어요.
왕 밍: 저는 경영학을 전공했어요. 졸업을 하고 한국회사에 취직해서 한국말을 배워요.

3.

안녕하세요? 저는 일본에서 온 치에예요.
한국 문화에 관심이 많아서 한국말을 배우려고 한국에 왔어요. 한국에 온 지 두 달 됐어요.
지금은 학교 기숙사에 살아요. 기숙사 생활은 참 편리하고 재미있어요.
특히 방을 같이 쓰는 한국 친구 지은이가 일본말을 할 수 있어서 많이 도와 줘요.
우리 두 사람은 취미도 같아요. 모두 한국 노래를 아주 좋아해요.
여러분들하고도 잘 지내고 싶어요. 만나서 반가워요.

제2과 이제는 많이 익숙해졌어요

과제 3 02-3,4,5

1.

영 주: 여보세요?
마이클: 영주야, 나 마이클이야. 문자 메시지 보고 반가워서 전화했어.

영 주: 네 안부가 궁금해서 메시지 보냈어. 별일 없지?
마이클: 응. 덕분에 잘 지냈어. 나도 연락하려고 했는데 좀 바빴어.
너도 잘 지내지?

2.

연결되지 않아 '삐' 소리 후 음성 사서함으로 연결됩니다. 삐이~
선생님, 안녕하셨습니까? 잘 지내시지요?
저 작년에 졸업한 다니엘입니다. 어제 회사 일 때문에 한국에 왔습니다.
졸업하고 한 번도 찾아뵙지 못해서 학교에 가서 인사를 드리려고 합니다.
언제 시간이 괜찮으십니까?
메시지 들으시면 전화해 주십시오. 연락 기다리겠습니다.

3.

치 에: 지은아, 방학 어떻게 보냈어?
지 은: 가족과 같이 독일 여행을 했어. 거기서 다비드를 만났어.
치 에: 정말? 다비드는 어떻게 지내고 있어?
지 은: 회사에 취직해서 바쁘게 지내고 있었어.
치 에: 다비드가 고향에 돌아갈 때 취직 걱정을 많이 했는데 참 잘 됐구나.
지 은: 다비드한테 치에 네 안부도 전해줬어.

제3과 책 좀 같이 봐도 돼요?

과제 3

03-3,4,5

1.

마이클: 유카 씨, 어디 가세요?
유 카: 배가 고파서 학생 식당에서 김밥을 사 오려고 해요.
마이클: 그럼 그 사전 좀 잠깐 써도 돼요? 제가 사전을 안 가지고 와서요.
유 카: 네, 저는 지금 안 쓰니까 마이클 씨 쓰세요. 여기 있어요.
마이클: 고마워요. 이따가 유카 씨 책상 위에다가 둘게요.

2.

미 선: 슈테판 씨, 뭘 하고 있어요?
슈테판: 한국말 숙제를 하고 있어요. 공책에다가 그 날 배운 단어와 문법으로 문장을 쓰는 거예요.
미 선: 요즘 한국말 공부하기가 어때요?
슈테판: 어렵기는 하지만 재미있어요. 친구들도 많이 사귀고 학교생활에도 익숙해졌어요.
미 선: 그런데 선생님은 영어로 가르치세요?
슈테판: 아니요, 한국말로 가르치세요. 수업 시간에는 한국말로만 말할 수 있어요.

3.

치 에: 마크 씨, 요즘 오후에 무슨 수업을 들어요?

마 크: 저는 일주일에 두 번 동양화를 배우고 있어요.
치 에: 그래요? 동양화는 좀 어려울 것 같은데요.
마 크: 처음에는 어려웠는데 점점 재미있어져요. 치에 씨는 무슨 수업을 들어요?
치 에: 저는 한국 음악을 알고 싶어서 사물놀이를 배우고 있어요.
마 크: 재미있겠군요. 나중에 저 좀 가르쳐 주세요.

제4과 도서관에 들어가려면 학생증이 있어야 해요

과제 3

04-3,4,5

1.

직 원: 여보세요, 한국대학교입니다.
마 크: 안녕하세요? 기숙사 이용에 대해 물어보려고요.
직 원: 네, 말씀하세요.
마 크: 기숙사는 몇 사람이 같이 방을 써요?
직 원: 혼자 쓰는 방과 두 사람이 같이 쓰는 방이 있습니다.
마 크: 방에 샤워실과 화장실도 있어요?
직 원: 네, 홈페이지를 보시면 자세히 알 수 있습니다.

2.

링 링: 저, 뭐 좀 물어보고 싶은데요.
직 원: 무슨 일이세요?
링 링: 열람실을 이용하려면 어떻게 해야 해요?
직 원: 이쪽으로 오세요. 이게 좌석표를 뽑는 기계입니다.
여기에다가 학생증을 대세요. 그리고 열람실과 자리를 고르세요.
링 링: 간단하군요. 몇 시간 이용할 수 있어요?
직 원: 한 번 좌석표를 뽑으면 4시간 이용할 수 있습니다.

3.

직 원: 손님, 주문하시겠습니까?
유 카: 커피 한 잔 주세요.
직 원: 네, 잠깐만 기다리세요.
유 카: 도서관 안에 커피숍이 있어서 참 좋아요, 다른 곳보다 값도 싸고요.
직 원: 네, 저희 커피숍은 공부하는 학생들을 위해 만든 곳이에요.
유 카: 몇 시부터 몇 시까지 해요?
직 원: 평일에는 8시 반부터 6시까지 하고 토요일에는 3시까지 해요.
시험 기간에는 일요일에도 문을 열어요.

제5과 박물관 안에서 사진을 찍어도 되나요?

과제 3

05-3,4,5,6,7

1. 1)

관람객: 이 전시실은 어떤 전시물이 있나요?
안내원: 이 전시실에서는 옛날 사람들이 사용한 여러 가지 물건과 그림 등을 볼 수 있습니다.

2)

매표소 직원: 모두 몇 분이 관람하세요?
남 자: 어른 2명, 아이 1명 모두 3명입니다.
매표소 직원: 네, 관람료는 8,000원입니다.

3)

직 원: 전시실 안에서 음식을 드시면 안 됩니다.
남 자: 아, 그렇습니까? 그럼 어디에서 음식을 먹을 수 있나요?
직 원: 박물관 안에 식당이 있습니다.
남 자: 네, 알겠습니다.

2.

왕 밍: 이곳은 옛날 왕이 입은 옷과 물건을 전시하는 곳이에요.
치 에: 저 빨간색 옷은 누가 입었나요?
왕 밍: 왕이 결혼할 때 입은 옷이에요.
치 에: 색깔이 예뻐서 저도 한번 입어 보고 싶어요.
왕 밍: 밖에 나가면 한복을 입고 사진을 찍을 수 있어요. 박물관이 생각보다 재미있지요?
치 에: 네, 한복도 입어 볼 수 있고 구경도 하고 참 재미있군요.

3.

마이클: 유카 씨, 이게 뭐예요?
유 카: 부채예요. 박물관에 가서 만든 거예요. 제가 부채에다가 직접 꽃 그림을 그렸어요.
마이클: 박물관에서요? 거기에서 부채를 만들 수 있나요?
유 카: 네, 박물관에 가면 여러 가지를 만들어 볼 수 있는 재미있는 프로그램이 많아요.
그 중에서 부채 만들기가 제일 인기가 있어요.
마이클: 부채 만들기가 비싼가요?
유 카: 아니요, 별로 비싸지 않아요.
마이클: 그렇군요. 부채를 만들어서 어머니께 선물로 드렸으면 좋겠어요.

제6과 아무 데나 앉으면 안 되는군요

과제 3

06-3,4,5,6,7

1. 1)

지금 인천행, 인천행 열차가 들어오고 있습니다. 승객 여러분께서는 안전하게 승차하시기 바랍니다.

2\) 이번 역은 신촌, 신촌역입니다. 내리실 문은 오른쪽입니다.

3\) 이 역은 열차와 승강장 사이가 넓습니다. 내리실 때 조심하시기 바랍니다.

2.

유 카: 지하철을 타야 하는데 교통카드를 안 가지고 왔어요. 어떻게 하지요?
영 수: 일회용 교통카드를 파니까 그걸 사서 쓰세요.
유 카: 그건 편의점에서 살 수 있나요?
영 수: 아니요, 지하철역에 일회용 교통카드를 파는 기계가 있어요.
유 카: 네, 고맙습니다.

3.

슈테판: 치에 씨, 이건 처음 보는 건데 뭐예요?
치 에: 무인우편창구인데 우체국에 가지 않고 여기에서 편지나 소포를 보낼 수 있어요.
슈테판: 여기서 외국으로도 보낼 수 있어요?
치 에: 네. 저도 다른 지하철역에서 이용해 봤는데 아주 편리해요.
슈테판: 와, 이제 고향에 물건을 보낼 때 우체국에 직접 가지 않아도 되겠군요.
치 에: 밤 10시까지 이용할 수 있으니까 슈테판 씨도 다음에 이용해 보세요.

제7과 김치를 볶다가 밥을 넣어

과제 3

07-3,4,5

1.

딸 : 엄마, 김치찌개 끓이는 방법 좀 가르쳐 주세요.
엄 마: 김치찌개는 왜?
딸 : 주말에 친구들과 놀러 갈 건데 가서 끓여 먹으려고요.
엄 마: 먼저 김치와 고기를 썬 다음에 기름에 볶아라. 볶다가 어느 정도 익으면 물을 넣고 끓여라. 그리고 마지막에 두부를 넣으면 된다.
딸 : 네, 알겠어요. 하다가 모르면 전화 드릴게요.

2.

마 크: 와, 이 식당에는 메뉴가 많구나. 이건 무슨 음식이니?
영 수: 그건 삼계탕이야. 닭고기로 만든 건데 몸에 좋은 음식이야.
마 크: 어떻게 먹는 거야?
영 수: 옆에 소금이 있지. 소금에 찍어서 먹으면 돼.
마 크: 그래? 그럼 오늘은 삼계탕을 한번 먹어 볼까?
영 수: 좋아. 이걸 시키자.

3.

안녕하세요? '맛있는 TV'시간입니다.

요즘 시장에 가면 음식 재료값이 너무 비싸져서 걱정이 많으시지요?
그래서 이번 주에는 더운 여름에 맛도 좋고 재료값도 오천 원밖에 들지 않는 '오천 원 밥상'을 준비했습니다. 오늘은 그 첫 번째 시간인데요. 감자를 이용한 '감자볶음'과 '감자 계란국'을 만들어 보겠습니다. 감자볶음의 재료는 감자와 양파이고 감자 계란국의 재료는 감자와 계란입니다.
그럼 먼저 감자볶음부터 만들어 보겠습니다.

제8과 친구 집에 잘 갔다가 왔어요?

과제 3

08-3,4,5,6

1. 1)

가: 일본에서는 밥그릇을 들고 젓가락으로 밥을 먹는데 한국에서도 그렇습니까?
나: 아니요, 한국에서는 밥그릇을 들지 않고 숟가락으로 먹어요.

2)

가: 식사할 때 숟가락과 젓가락을 한 손에 같이 들어요?
나: 아니요, 밥과 국을 먹을 때는 젓가락을 내려놓고 숟가락만 들어야 해요.

2.

미 선: 마이클 씨, 왜 안 드세요? 식기 전에 드세요.
마이클: 할아버지께서 수저를 드신 후에 먹으려고 해요.
미 선: 와, 마이클 씨는 한국 식사 예절을 잘 아시는군요.
마이클: 잘 모르지만 한국 드라마에서 많이 봤어요.

3.

영 수: 다니엘 씨, 내일 같이 저녁 먹을까요?
다니엘: 내일은 퇴근 후에 회식이 있어요. 다음에 같이 먹어요.
영 수: 네, 그래요. 그런데 회식하면 술도 마시겠군요.
다니엘: 네, 그래서 조금 걱정이 돼요.
한국에서 윗사람하고 술을 마신 적이 없는데 술자리 예절 좀 가르쳐 주세요.
영 수: 윗사람한테서 술을 받을 때는 두 손으로 받는 것이 좋아요.
다니엘: 그렇군요. 또 다른 것은 없어요?
영 수: 그리고 윗사람과 술을 마실 때는 얼굴을 옆으로 돌리고 마셔야 해요.

제9과 이 옷을 입으면 키가 커 보이겠다

과제 3

09-3,4,5

1.

친 구: 지은아, 여기가 내가 자주 오는 옷가게야. 예쁜 옷이 참 많지?
지 은: 그래. 디자인도 예쁘고 색깔도 다양하다. 한 벌 사고 싶은데.

친 구: 그럼 이 치마 어떠니? 너에게 잘 어울릴 것 같아.
지 은: 그래? 까만색과 파란색 중에서 어떤 것이 나을까?
친 구: 너는 까만색 옷이 많으니까 파란색을 사는 게 좋겠다.
지 은: 그럼 이걸로 한번 입어 볼까?

2.

점 원: 어서 오세요. 뭘 찾으세요?
여 자: 이 바지에 어울리는 티셔츠 하나 보여 주세요.
점 원: 네, 손님. 파란색 체크무늬 티셔츠는 어떠세요?
여 자: 저에게 안 어울릴 것 같은데요. 다른 건 없어요?
점 원: 그럼 이 하얀색 줄무늬는 어떠세요? 요즘 유행하는 디자인이에요.
여 자: 디자인도 괜찮고 날씬해 보일 것 같은데요. 이걸로 주세요.

3.

슈테판: 영수야, 갑자기 왜 양복을 입었니?
영 수: 주말에 학교에 행사가 있어서 한번 입어 봤어.
슈테판: 그 와이셔츠에 빨간색 넥타이가 참 잘 어울린다.
그런데 양복은 회색보다 까만색이 낫지 않을까?
영 수: 난 보통 청바지를 많이 입어서 다른 양복은 없는데.
슈테판: 그럼 백화점에서 한 벌 사는 게 어때?
영 수: 그래. 회사 면접 때 입을 옷도 필요한데 그게 좋겠다.

제10과 기념품이 친구들 마음에 들지 모르겠어요

과제 3

10-3,4,5

1.

링 링: 유카야, 내일이 제임스 생일이잖아. 우리 깜짝 파티해 줄까?
유 카: 그럴까? 그럼 교실에서 제임스 모르게 생일 파티를 준비하자.
링 링: 내가 친구들에게 연락하고 꽃을 사 가지고 올게.
유 카: 난 축하 카드를 써 가지고 올게. 그런데 선물은 뭘 하지?
링 링: 우리 둘이 같이 케이크를 만들어 주면 어떨까?
유 카: 직접 만든 케이크? 특별한 선물이 될 것 같다. 그렇게 하자.

2.

미 선: 치에 씨, 이쪽으로 오세요. 여기예요.
치 에: 와, 백화점에 사람이 왜 이렇게 많아요?
미 선: 다음 주가 추석이어서 그래요. 한국 사람들은 추석 때 고마운 분들께 선물을 해요.
치 에: 그래요? 보통 어떤 선물을 하나요?
미 선: 비싸지 않은 생활용품이나 가족과 같이 먹을 수 있는 것을 많이 선물해요.

치 에:	그럼 제가 고향에서 가지고 온 차를 하숙집 아주머니께 추석 선물로 드려도 될까요? 그런데 차를 좋아하실지 모르겠어요.
미 선:	좋아하실 거예요. 한국 사람들도 차를 좋아해요.

3.

영 수:	유경 씨, 인터넷으로 뭘 그렇게 보고 있어요?
유 경:	이거 아주 재미있는데요. 사람들이 크리스마스 선물로 뭘 제일 받고 싶어 하지 않을 것 같아요?
영 수:	글쎄요, 아마 값이 싼 선물 아닐까요?
유 경:	음, 조금은 맞아요. 꽃다발이 제일 받고 싶지 않은 선물로 나왔어요.
영 수:	여자들도요? 여자들은 다 좋아할 것 같은데요.
유 경:	들고 다니기가 귀찮아서 그런 것 같아요. 영수 씨도 크리스마스 때 여자친구에게 꽃다발은 선물하지 마세요.

제11과 주말에 그냥 집에서 쉴까 해요

과제 3

11-3,4,5,6,7

1. 1)

(남자) 저는 요즘 밤늦게까지 일을 해서 피곤합니다.
그래서 이번 주말에는 집에서 그냥 쉬려고 합니다.

2)

(여자) 저는 맛있는 음식을 먹으면 기분이 아주 좋아집니다.
그래서 자주 책이나 인터넷을 보고 유명한 맛집을 찾아갑니다.
이번 주말에는 이태원에 있는 인도 식당에 가 볼까 합니다.

3)

(여자) 저는 주말에 자주 영화를 보러 갑니다.
주말 오후에는 극장이 아주 복잡하기 때문에 보통 오전에 영화를 봅니다.
그렇지만 이번 주말에는 친한 친구가 결혼하기 때문에 결혼식장에 가야 합니다.

2.

샤오밍:	링링 씨는 주말에 보통 뭘 하세요?
링 링:	여행을 좋아해서 가까운 곳으로 여행을 갈 때가 많아요.
샤오밍:	그럼 이번 주말에도 여행을 가세요?
링 링:	아니요, 이번 주에는 일이 좀 많아서 회사에 가야 해요. 샤오밍 씨는 이번 주말에 뭘 할 거예요?
샤오밍:	특별한 계획은 없고 그냥 집에서 책이나 볼까 해요.

3.

마이클:	유카 씨, 이번 일요일에 뭘 할 거예요?

유 카: 다음 주에 시험이 있어서 공부하려고 해요.
마이클: 시간이 괜찮으면 같이 그림을 보러 갈까 했는데 안되겠군요.
유 카: 무슨 좋은 전시회가 있어요?
마이클: 네, 지난주부터 박물관에서 조선 시대 화가들의 그림을 전시하고 있는데 이번 일요일까지 해요.
유 카: 그렇군요. 저도 가고 싶지만 시험 때문에 안 될 것 같아요.
마이클: 그럼 혼자 가서 보지요, 뭐.
유 카: 그러지 말고 다른 친구에게 연락해 보세요.

제12과 친구와 같이 음악회에 가기로 했어

과제 3

12-3,4,5

1.

유 리: 치에야, 이번 주 일요일에 링링 집들이에 초대를 받았지?
치 에: 응, 유리 너도 갈 거야?
유 리: 그럼. 집 구경도 하고 싶고 오랜만에 친구들도 만나고 싶어.
치 에: 그런데 집들이 선물은 준비했니? 난 아직 못 샀어.
유 리: 나도 준비 못했는데 우리 일요일에 만나서 선물을 사 가지고 같이 갈까?
치 에: 그래, 좋아. 일요일 오후에 학교 앞에서 만나자.

2.

유 카: 여보세요? 미선아, 나 유카야.
미 선: 응, 유카구나.
유 카: 우리 토요일에 만나기로 했지?
미 선: 맞아. 인사동에서 3시에.
유 카: 그런데 그날 고향에서 부모님께서 오셔. 그래서 공항으로 마중을 나가야 해. 미안하지만 일요일에 만나자.
미 선: 알았어. 그럼 일요일 3시에 같은 장소에서 보자.

3.

마이클: 마리아야, 이번 주말에 뭐 할 거니?
마리아: 나는 토요일에 한국 친구들과 래프팅을 하러 갈 거야. 넌 래프팅을 해 봤니?
마이클: 난 한 번도 해 본 적이 없어. 무섭지 않아?
마리아: 처음에는 겁이 나겠지만 생각보다 안 무서워. 너도 하고 싶으면 같이 가자.
마이클: 그럼 나도 가 볼까? 몇 시에 갈 건데?
마리아: 친구들과 10시에 잠실역 2번 출구에서 만나기로 했어.
마이클: 그래, 알았어. 10시까지 갈게.

제13과 남대문 시장에는 뭐든지 다 있어요

과제 3 13-3,4,5

1.

링 링: 유카야, 주말에 무슨 일이 있었니? 많이 피곤해 보인다.
유 카: 응, 여기 저기 좀 다녔는데 무리한 것 같아.
링 링: 어디 여행 갔다 왔어?
유 카: 아니, 고향에서 친구들이 와서 서울을 안내했는데 쉬지 못해서 그래.
링 링: 얼마나 다녔는데 몸이 아플 정도야?
유 카: 아침에 동대문 시장부터 경복궁, 명동, 청계천, 친구가 가고 싶어하는 곳은 다 갔어. 그때는 재미있었는데 지금은 너무 피곤하다.

2.

미 선: 치에야, 여기가 인사동인데 서울의 유명한 관광지 중의 하나야.
치 에: 야, 저기 작은 도자기들 좀 봐. 정말 예쁘다. 모두 예뻐서 이걸 사야 할지 저걸 사야 할지 잘 모르겠어.
미 선: 시간이 많으니까 서두르지 말고 천천히 보고 사.
치 에: 응. 아, 그런데 어디서 맛있는 냄새가 나는 것 같은데?
미 선: 호떡 냄새야. 저기 호떡 파는 가게가 인사동에서 유명해. 너 한 번도 안 먹어 봤지? 한번 먹어 볼까?
치 에: 그래. 점심을 먹은 지 얼마 안 됐는데 많이 걸으니까 배가 좀 고프다.

3.

인 호: 유정 씨는 외국인 친구들이 서울에 오면 보통 어디를 안내하세요?
유 정: 저는 명동이나 청계천을 안내해요. 제가 그곳을 잘 아니까요.
인 호: 여기 신문에 나왔는데요. 외국인들이 서울 관광지 중에서 제일 좋아하는 곳은 남산이고 그 다음은 명동, 경복궁이에요.
유 정: 전 그동안 남산은 잘 안 갔는데 제가 몰랐군요.
인 호: 그리고 사람들이 좋아하는 곳이 달라요. 서양 사람들은 경복궁을 좋아하고 동양 사람들은 남산을 좋아해요.
유 정: 그래요? 그 신문 이따가 제가 좀 봐도 돼요?
인 호: 네, 제 책상 위에 있으니까 언제든지 보세요.

제14과 제주도만큼 경치가 아름다운 곳도 없어요

과제 3 14-3,4,5

1.

유 리: 고향에서 친구가 오면 서울 근처로 여행을 다녀오려고 하는데 어디가 좋은지 알아?
영 수: 춘천에 가 봤니? 안 가 봤으면 거기에 한번 가 봐.

유 리: 춘천? 서울에서 가까워?
당일 여행으로 갔다가 오면 좋겠는데.
영 수: 별로 멀지 않아. 고속버스로 한 시간 반쯤 걸려.
경치도 아름답고 닭갈비가 맛있는 곳으로도 유명해.
유 리: 그럼 춘천으로 가는 게 좋겠다. 고마워.

2.

여직원: 네, 행복여행사입니다.
남 자: 어머니 생신이어서 여행을 보내 드리려고 하는데 좋은 상품이 있습니까?
여직원: 1박 2일로 가는 기차여행 상품이 있습니다.
연세가 많으신 분들께 아주 인기 있는 상품이에요.
남 자: 여행 일정에 대해서 좀 더 알고 싶은데요.
여직원: 첫째 날은 우리나라에서 가장 높은 곳에 있는 기차역을 구경하고 숙소로 가서
온천을 즐깁니다. 그리고 둘째 날은 동해 바다와 유명한 절에 갑니다.
남 자: 네, 감사합니다. 다시 연락드리겠습니다.

3.

자연과 사람이 함께 있어서 더 아름다운 섬, 제주도가 여러분을 기다립니다.
한국의 가장 남쪽에 있는 섬, 이곳에는 세계 어디에서도 볼 수 없는 특별한 아름다움이 있습니다.
제주도는 유명한 것이 많은데 그 중에서 특히 바람과 돌이 유명합니다.
바람이 많이 불기 때문에 사람들은 섬 여기저기에 돌담을 쌓았습니다.
이 돌담은 이제 자연 속에서 또 하나의 아름다운 작품이 되었습니다.
그리고 한국에서 가장 높은 산, 한라산이 여기 제주도에 있습니다.
다른 곳에서 볼 수 없는 다양한 꽃과 나무, 새들을 사계절 내내 볼 수 있습니다.
하늘이 준 가장 큰 선물, 이곳 제주도로 여러분을 초대합니다.

제15과 힘들어도 좋은 경험이 될 거예요

과제 3

15-3,4,5

1.

친 구: 미선아, 휴가 때 홍콩에 가지? 짐은 다 쌌어?
미 선: 아니, 아직 못 쌌어. 뭘 가지고 가야 하니?
친 구: 우선 짐은 꼭 필요한 것만 넣어서 가볍게 싸는 것이 좋아.
그런데 저녁때는 쌀쌀하니까 긴팔 옷도 필요해.
미 선: 알았어. 또 뭘 가져가야 해?
친 구: 비상약도 잊지 말고 가져 가.
미 선: 고마워. 다녀와서 연락할게.

2.

친 구: 유리야, 방학동안 유럽 배낭여행은 잘 다녀왔니?
유 리: 응, 네가 좋은 정보를 많이 줘서 잘 다녀왔어.
친 구: 여행이 힘들지 않았어?
유 리: 힘들기는 했지만 친구들을 많이 사귈 수 있어서 좋았어.
친 구: 여러 곳을 많이 구경했니? 난 단체여행으로 가서 내 마음대로 다닐 수 없었어.
유 리: 내가 가 보고 싶은 곳은 거의 다 구경했어.
기회가 있으면 또 배낭여행을 해 보고 싶어.

3.

친 구: 지은아, 지난 주말에 뭐 했니?
지 은: 난 친구와 같이 1박 2일로 춘천에 갔다가 왔어.
친 구: 그럼 남이섬에도 가 봤니?
지 은: 응. TV에 많이 나온 장소에도 가 봤는데 내가 드라마의 주인공이 된 기분이었어.
친 구: 잠은 어디에서 잤는데?
지 은: 강이 보이는 펜션에 묵었어.
친 구: 값이 비싸지 않았어?
지 은: 값이 좀 비싸도 직접 요리를 할 수 있어서 좋았어.

부록

1. 번역
2. 문법 활용연습
3. 듣기 지문
▸ 4. 모범 답안
5. 색인

4. 모범 답안

〈본문〉

제1과

어휘

1) 법학을
2) 신문방송학을
3) 경영학을
4) 컴퓨터공학을
5) 역사학을

문법 1

1) 가: 한국말을 배운 지 얼마나 됐어요?
   나: 한국말을 배운 지 6개월 됐어요.
2) 가: 학교를 졸업한 지 얼마나 됐어요?
   나: 학교를 졸업한 지 2년 됐어요.
3) 가: 한국 친구가 있어요?
   나: 네, 있어요.
   가: 그 친구를 만난 지 얼마나 됐어요?
   나: 그 친구를 만난 지 1년 됐어요.
4) 가: 지금 어디에서 살아요?
   나: 기숙사에서 살아요.
   가: 거기서 산 지 얼마나 됐어요?
   나: 기숙사에서 산 지 일주일 됐어요.
5) 가: 취미가 뭐예요?
   나: 수영이에요.
   가: 수영을 시작한 지 얼마나 됐어요?
   나: 수영을 시작한 지 세 달 됐어요.

문법 2

1) 가: 문자 메시지와 전화 통화 중에서 무엇을 더 많이 써요?
   나: 저는 문자 메시지를 더 많이 써요. 전화는 직접 이야기해서 좋기는 하지만 전화하기 어려울 때도 많아요.
2) 가: 종이 사전과 전자사전 중에서 무엇이 더 좋아요?
   나: 저는 전자사전이 더 좋아요. 종이 사전은 옆에 쓸 수 있기는 하지만 무거워요.
3) 가: 휴대폰과 다이어리 중에서 무엇이 더 편해요?
   나: 저는 휴대폰이 더 편해요. 다이어리는 쓰기가 편하기는 하지만 매일 가지고 다니기가 불편해요.
4) 가: 전자책과 종이책 중에서 무엇이 더 좋아요?
   나: 저는 종이책이 더 좋아요. 전자책은 가볍기는 하지만 눈이 아파요.
5) 가: 휴대전화 카메라와 디지털 카메라 중에서 무엇이 더 좋아요?
   나: 저는 디지털 카메라가 더 좋아요. 휴대전화 카메라는 편하기는 하지만 사진이 예쁘지 않아요.

과제 1

생략

과제 2

1) ❶ 2) ❶
3) 지금까지 만난 사람들, 방학 때 간 여행, 친구들과 함께 한 일들이 들어 있습니다.

과제 3

1. 1) 그림2 2) 그림1 3) 그림3
2. 1) ❶
   2) ❶ O ❷ X ❸ X
3. 1) ❷ 2) ❹
4. 생략

제2과

어휘

1) 안부를 묻는
2) 안부를 전해
3) 안부 메일을 보내려고
4) 안부 전화를 해요

문법 1

1) 학교가 없어졌어요.
2) 자동차가 많아졌어요.

3) 도로가 넓어졌어요.
4) 공기가 나빠졌어요.
5) 높은 건물이 많아졌어요.

문법 2

1) 시험 공부 때문에 힘들었겠군요.
2) 시험이 어렵지 않았으니까 시험을 잘 봤겠군요.
3) 친구들과 맛있는 것을 먹었겠군요.
4) 노래방에 가서 기분이 좋았겠군요.
5) 주말에 놀이공원에 가니까 재미있겠군요.

과제 1

생략

과제 2

1. 1) ❶ 2) ❷
3) 수업도 어렵고 과 친구들하고도 빨리 친해지지 않아서

과제 3

1. 1) ❸ 2) ❷
2. 1) ❹ 2) ❷
3. 1) ❶ X ❷ X ❸ X
2) 취직 걱정을 많이 했습니다.
4. 생략

제3과

어휘

1) 학기가 끝나 2) 시험을 보
3) 휴학하 4) 수업을 듣는

문법 1

1) 친구: 시계를 어디에다가 놓을까요?
마리아: 책상 위에다가 놓으세요.
2) 친구: 노트북을 어디에다가 놓을까요?
마리아: 탁자 위에다가 놓으세요.
3) 친구: 티셔츠를 어디에다가 놓을까요?
마리아: 옷장에다가 넣으세요.
4) 친구: 사진을 어디에다가 놓을까요?
마리아: 벽에다가 거세요.
5) 친구: 책을 어디에다가 놓을까요?
마리아: 책꽂이에다가 꽂으세요.

문법 2

1) 유리: 선생님, 배가 아픈데 화장실에 가도 돼요?
선생님: 네, 가도 돼요. 빨리 오세요.
2) 유리: 왕밍 씨, 자리를 바꾸고 싶은데 자리를 바꿔도 돼요?
왕밍: 네, 바꿔도 돼요. 여기 앉으세요.
3) 유리: 마크 씨, 너무 더운데 문을 열어도 돼요?
마크: 네, 열어도 돼요. 이따가 닫으세요.
4) 유리: 선생님, 급한 전화가 왔는데 전화를 받아도 돼요?
선생님: 네, 받아도 돼요. 나가서 받으세요.
5) 유리: 치에 씨, 사전을 안 가지고 왔는데 사전 좀 써도 돼요?
치에: 네, 써도 돼요. 이따가 여기에 놓으세요.

과제 1

생략

과제 2

1) ❷
2) ❶ X ❷ X
3) 이 사람은 반 친구들과 즐거운 추억을 많이 만들고 싶어합니다.

과제 3

1. 1) ❹
2) ❶ X ❷ O
2. 1) ❹
2) ❶ X ❷ X
3. 1) ❶ X ❷ O

2) 치에 씨는 한국 음악을 알고 싶어서 사물놀이를 배웁니다.

4. 생략

제4과

어휘

1) 열람실이 2) 대출할
3) 반납합니다 4) 연장할

문법 1

1) 도서관 안에서 휴대전화를 꺼야 합니다
2) 열람실 밖에서 음식을 먹어야 합니다
3) 도서관 안에서 조용히 해야 합니다
4) 노트북은 1층 노트북 열람실에서 사용해야 합니다
5) 지하 주차장에 차를 세워야 합니다

문법 2

1) 강남역에 가려면 지하철 2호선을 타세요.
2) 겨울옷을 사려면 동대문 시장에 가세요. 싸고 예쁜 옷이 많아요.
3) 맛있는 한식을 먹으려면 인사동에 가세요. 맛있는 한식집이 많아요.
4) 가수 공연을 보려면 인터넷에서 찾아 보세요. 쉽게 찾을 수 있을 거예요.
5) 한국 친구를 사귀려면 언어 교환을 하세요. 한국말도 배우고 친구도 사귈 수 있어요.

과제 1

생략

과제 2

1) ❹ 2) ❷
3) 멀티미디어센터에서 한국어 공부도 하고 좋아하는 음악도 듣습니다.

과제 3

1. 1) ❹
2) ❶ X ❷ O ❸ O

2. 1) ❷ 2) ❸

3. 1) ❹
2) 평일: 8시 반 ~ 6시 / 토요일: 8시 반 ~ 3시

4. 생략

제5과

어휘

1) 관람시간은 2) 전시실
3) 관람료를 4) 전시물을
5) 관람하는

문법 1

생략

문법 2

1) 극장에서는 사진을 찍으면 안 돼요. 휴대전화를 사용하면 안 돼요.
2) 지하철에서는 담배를 피우면 안 돼요. 출입문에 손을 대면 안 돼요.
3) 미술관에서는 뛰면 안 돼요. 애완동물을 데리고 들어가면 안 돼요.
4) 공원에서는 담배를 피우면 안 돼요. 쓰레기를 버리면 안 돼요.
5) 교실에서는 담배를 피우면 안 돼요. 음식을 먹으면 안 돼요.

과제 1

생략

과제 2

1) ❹
2) ❶ X ❷ X
3) 박물관에서 서울의 역사와 문화를 많이 배울 수 있었습니다.

과제 3

1. 1) 그림 3 2) 그림 1 3) 그림 2
2. 1) ❷
   2) ❶ X ❷ O
3. 1) ❶ X ❷ O ❸ O
   2) 부채를 만들어서 어머니께 선물로 드리고 싶기 때문입니다.
4. 생략

제6과

어휘

1) 승강장 2) 스크린 도어를
3) 안내 방송을 4) 열차가
5) 환승역

문법 1

1) 저는 금요일 오후에 시간이 있는데
2) 저는 월요일부터 금요일까지 아르바이트를 하는데
3) 저는 토요일 오후에 한가한데 토요일 저녁에 만납시다.
4) 강남역 근처 식당 음식이 맛있는데 거기에 갑시다.
5) 학교에서 먼데 학교 근처에 있는 행복식당에서 만납시다.

문법 2

1) 아무 거나 먹으면 안 돼
2) 아무 때나 전화하면 안 돼
3) 아무 데나 혼자 가면 안 돼
4) 아무 영화나 보면 안 돼
5) 아무 책이나 읽으면 안 돼

과제 1

생략

과제 2

1. 1) ❹ 2) ❷
   3) 에콰도르를 여행하는 것 같았습니다.

과제 3

1. 1) ❸ 2) ❶ 3) ❹
2. 1) ❹ 2) ❸
3. 1) ❶ X ❷ X ❸ O
   2) 우체국에 가지 않고 편지나 소포를 보낼 수 있습니다.
4. 생략

제7과

어휘

1) 볶아서 2) 끓여서 3) 비벼서
4) 튀겨서 5) 구워서 6) 삶아서

문법 1

1) 거울아, 거울아, 이 세상에서 누가 제일 예쁘니
2) 너는 가서 백설 공주를 죽여라
3) 아, 음식이다
4) 맛있겠다
5) 백설 공주야, 그럼 여기서 우리와 같이 살자

문법 2

1) 급하게 뛰어 가다가 넘어졌다
2) 공부를 하다가 밖으로 나갔다
3) 먹다가 그만 먹었다
4) 집으로 가다가 다시 돌아갔다
5) 숙제를 하다가 잤다

과제 1

생략

과제 2

1) ❶ 2) ❷

3) 채소와 고기, 삶은 당면을 각각 기름에 볶는다

과제 3

1. 1) ❹
   2) ❶ (3) ❷ (1) ❸ (4) ❹ (2)
2. 1) ❸
   2) ❶ X ❷ X ❸ O
3. 1) ❹ 2) ❹
4. 생략

제8과

어휘

1) 국그릇을 2) 밥그릇을
3) 수저를 놓을까요? 4) 숟가락과
5) 젓가락을 6) 반찬은
7) 상을 치워야

문법 1

생략

문법 2

1) 오래간만에 등산을 하니까 다리가 아팠다.
2) 산 정상에 올라가니까 기분이 좋았다.
3) 산 정상에서 보니까 경치가 아름다웠다.
4) 산에서 내려오니까 저녁때가 되었다.
5) 등산을 한 후에 친구들과 밥을 먹으니까 밥이 더 맛있었다.

과제 1

생략

과제 2

1. 1) ❹ 2) ❹
   3) 젓가락을 잘 사용하지 못해서

과제 3

1. 1) ❶ 2) ❸
2. 1) ❹ 2) ❹
3. 1) ❸ 2) 한국의 술자리 예절을 몰라서
4. 생략

제9과

어휘

1) 청바지 2) 블라우스 3) 정장
4) 와이셔츠 5) 양복

문법 1

1) 마리아 씨가 힘들어 보여요
2) 마리아 씨가 즐거워 보여요
3) 마리아 씨가 외로워 보여요
4) 마리아 씨가 피곤해 보여요
5) 마리아 씨가 슬퍼 보여요

문법 2

1) 그은 2) 저어야
3) 목이 많이 부었을 때는 따뜻한 차를 많이 드시면 좋아요.
4) 빨리 나으려면 많이 자고 많이 드세요.
5) 사람들이 부르기 쉬운 이름으로 지으세요.

과제 1

생략

과제 2

1) ❸
2) ❶ X ❷ O
3) '이 옷이 나에게 어울리는 옷일까?'를 제일 먼저 생각합니다.

과제 3

1. 1) ❹

2) ❶ X ❷ O

2. 1) ❸

2) 디자인도 괜찮고 날씬해 보일 것 같기 때문입니다.

3. 1) ❹

2) ❶ O ❷ X

4. 생략

제10과

어휘

1) 선물을 고르는 2) 선물을 포장해

3) 선물을 주는 4) 선물을 받는

문법 1

1) 저는 카드를 써 가지고 올 거예요.
2) 저는 김밥을 만들어 가지고 올 거예요.
3) 저는 카메라를 빌려 가지고 올 거예요.
4) 저는 꽃다발을 사 가지고 올 거예요.
5) 저는 커피와 음료수를 사 가지고 올 거예요.
6) 저는 서울의 모습을 찍어 가지고 올 거예요.
7) 저는 과자를 구워 가지고 올 거예요.

문법 2

1) 글쎄, 사람이 많은 날인데 케이블카를 탈 수 있을지 모르겠어.
2) 글쎄, 여자친구 앞에서 노래를 잘 할 수 있을지 모르겠어.
3) 글쎄, 여자친구가 장미꽃을 좋아할지 모르겠어.
4) 글쎄, 크리스마스이어서 지금 표가 있을지 모르겠어.
5) 글쎄, 여자친구에게 빨간색 목도리가 어울릴지 모르겠어.

과제 1

생략

과제 2

1) ❷ 2) ❸

3) 선물하는 즐거운 마음이 더 커집니다.

과제 3

1. 1) ❷

2) 유카가 준비하는 것: 축하 카드
친구가 준비하는 것: 꽃
선물: 직접 만든 케이크

2. 1) ❸

2) ❶ X ❷ X ❸ O

3. 1) ❹

2) 꽃다발, 들고 다니기가 귀찮을 것 같아서

4. 생략

제11과

어휘

1) 계획이 있었지만 2) 계획을 세웠어요

3) 계획을 바꿨어요 4) 계획표를 만들어서

문법 1

1) 왕밍: 오늘 오후에 뭘 할 거야?
유카: 영화를 보러 갈까 해.
2) 왕밍: 링링 생일 선물로 뭘 줄 거야?
유카: 링링은 한국 음악을 좋아하니까 음악 시디를 줄까 해.
3) 왕밍: 시험이 끝나고 뭘 할 거니?
유카: 친구들과 같이 저녁을 먹을까 해.
4) 왕밍: 방학 때 뭘 할 거야?
유카: 부산으로 여행을 갈까 해.
5) 왕밍: 크리스마스에 특별한 계획이 있니?
유카: 친구들과 집에서 파티를 할까 해.

문법 2

1) 음식을 짜게 드시지 말고 싱겁게 드세요
2) 저녁을 늦게 드시지 말고 일찍 드세요

3) 커피를 많이 드시지 말고 물을 자주 드세요
4) 술을 마시지 말고 운동을 열심히 하세요
5) 늦게 주무시지 말고 일찍 주무세요

과제 1

생략

과제 2

1. 1) ❹ 2) ❶
3) 친구들과 밥을 먹으러 갔다.

과제 3

1. 1) ❷ 2) ❸ 3) ❶
2. 1) ❸ 2) ❶
3. 1) ❷ 2) 시험 공부
4. 생략

제12과

어휘

1) 선약이 있는 2) 약속을 취소했어요
3) 약속을 어겨서 4) 약속 시간을 미뤘어요

문법 1

1) '사랑 이야기'를 부르기로 했어요
2) 교실이나 노래방에서 연습하기로 했어요
3) 수업이 끝난 후에 매일 1시간 동안 연습하기로 했어요
4) 하얀 티셔츠에 청바지를 입기로 했어요
5) 노래 CD와 풍선을 준비하기로 했어요

문법 2

1) 치에: 나는 그저께 쇼핑을 했어.
친구: 무엇을(뭘) 샀는데?
치에: 화장품과 옷을 샀어.
2) 치에: 나는 모레 점심 약속이 있어.
친구: 누구와 점심을 먹는데?
치에: 반 친구들과 같이 먹을 거야.
3) 치에: 나는 일요일에 수영을 할 거야.
친구: 어디에서 수영을 할 건데?
치에: 학교 수영장에서 하려고 해.
4) 치에: 나는 다음 주에 언어교환을 할 거야.
친구: 몇 시에 친구를 만날 건데?
치에: 수업이 끝나고 만날까 해.
5) 치에: 나는 다음 주에 친구와 영화를 볼 거야.
친구: 무슨 영화를 보려고 하는데?
치에: 공포 영화를 보려고 해.

과제 1

생략

과제 2

1) ❷
2) ❶ O ❷ X ❸ X
3) 친구하고 한 약속을 지키지 못했기 때문입니다.

과제 3

1. 1) ❷
2) ❶ O ❷ O ❸ X
2. 1) ❶
2) 공항으로 부모님 마중을 나가려고 합니다.
3. 1) ❸
2) 언제: 이번 주 토요일 10시
어디에서: 잠실역 2번 출구
4. 생략

제13과

어휘

1) 관광객이 2) 관광하 3) 안내소가
4) 안내원이 5) 안내해

문법 1

1) 미선: 회의 시간은 오전으로 할지 오후로 할지

아직 정하지 못했어요.
친구: 손님이 피곤하실 같은데 제 생각에는 오후에 하는 게 좋을 것 같아요.

2) 미선: 방은 침대방으로 할지 온돌방으로 할지 아직 정하지 못했어요.
친구: 온돌방은 익숙하지 않을 것 같은데 침대방으로 하는 게 어때요?

3) 미선: 선물은 기념품을 살지 와인을 살지 아직 정하지 못했어요.
친구: 한국에 오셨으니까 한국의 전통 기념품을 선물하면 좋을 것 같아요.

4) 미선: 남산에 갈지 인사동에 갈지 아직 정하지 못했어요.
친구: 서울의 경치를 다 볼 수 있는 남산이 좋을 것 같아요.

5) 미선: 공연은 뮤지컬을 볼지 음악회에 갈지 아직 정하지 못했어요.
친구: 요즘 재미있는 뮤지컬이 많은데 뮤지컬을 보세요.

문법 2

1) 가: 필요하면 안내 책을 가져갈 수 있어요?
나: 네, 필요하면 얼마든지 안내 책을 가져갈 수 있어요.

2) 가: 한국말을 모르면 영어로 물어볼 수 있어요?
나: 네, 한국말을 모르면 언제든지 영어로 물어볼 수 있어요.

3) 가: 길을 모르면 물어볼 수 있어요?
나: 네, 길을 모르면 누구든지 물어볼 수 있어요.

4) 가: 공연을 예약하는 방법에 대해서 물어볼 수 있어요?
나: 네, 공연 예약하는 방법을 언제든지 물어볼 수 있어요.

5) 가: 관광 프로그램에 대해서 안내받을 수 있어요?
나: 네, 관광 프로그램에 대해서 뭐든지 안내받을 수 있어요.

과제 1

생략

과제 2

1) ❹ 2) ❷
3) 여자가 남자의 청혼을 받아들여서

과제 3

1. 1) ❷ 2) ❸
2. 1) ❶
2) ❶ O ❷ X ❸ X
3. 1) ❶ 남산 ❷ 명동 ❸ 경복궁
2) ❸
4. 생략

제14과

어휘

1) 여행 기간은 2) 교통편은
3) 숙박 시설이 4) 여행 일정을

문법 1

1) 춘천만큼 닭갈비가 맛있는 곳은 없어요
2) 설악산만큼 단풍이 아름다운 곳은 없어요
3) 전주만큼 비빔밥이 유명한 곳은 없어요
4) 경주만큼 유적지가 많은 곳은 없어요
5) 부산만큼 휴가철에 사람들이 많이 가는 곳은 없어요

문법 2

1) 나 : 공연 장소가 어디인지 알아?
친구: 응, 공연 장소가 어디인지 알아. 명동 문화 극장에서 해.

2) 나 : 관람료는 얼마인지 알아?
친구: 응, 관람료가 얼마인지 알아. 제일 좋은 자리는 12만 원이고 10만 원, 8만 원짜리 자리도 있어.

3) 나 : 몇 시간 공연하는지 알아?
친구: 응, 몇 시간 공연하는지 알아. 두 시간 동안 공연해.

4) 나 : 표를 어디에서 살 수 있는지 알아?
친구: 응, 표를 어디에서 살 수 있는지 알아. 표는 인터넷으로만 살 수 있어.
5) 나 : 표를 받을 때 무엇이 필요한지 알아?
친구: 응, 표를 받을 때 무엇이 필요한지 알아. 신분증이 필요해.

과제 1

생략

과제 2

1. 1) ❸
   2) ❹
   3) 도시는 너무 복잡하고 시끄럽습니다. 그래서 조용한 시골로 여행을 가고 싶어합니다.

과제 3

1. 1) ❹ 2) ❸
2. 1) ❷
   2) 어머니 생신이어서 어머니를 여행 보내 드리려고
3. 1) ❸
   2) ❶ O ❷ O ❸ X
   3) 바람과 돌
4. 생략

제15과

어휘

1) 국내여행을 2) 배낭여행을
3) 해외여행을 4) 단체여행을
5) 신혼여행을

문법 1

1) 친구: 반 친구들 중에서 누가 공부를 제일 잘해요?
유리: 마크 씨가 머리가 좋아서 그런지 공부를 제일 잘해요.
2) 친구: 반 친구들 중에서 누가 요리를 제일 잘해요?
유리: 링링 씨가 요리학원에 다녀서 그런지 요리를 제일 잘해요.
3) 친구: 반 친구들 중에서 누가 노래를 제일 잘해요?
유리: 제임스 씨가 아버지가 가수이어서 그런지 노래를 제일 잘해요.
4) 친구: 반 친구들 중에서 누가 한국노래를 제일 많이 알아요?
유리: 치에 씨가 한국노래를 많이 들어서 그런지 한국노래를 제일 많이 알아요.
5) 친구: 반 친구들 중에서 누가 일본어를 제일 잘해요?
유리: 왕밍 씨가 여자 친구가 일본사람이어서 그런지 일본어를 제일 잘 해요.

문법 2

1) 값이 비싸도 비행기를 타고 가려고 해요
2) 공항에서 멀어도 한옥 호텔에서 자려고 해요
3) 오래 기다려도 맛있는 음식을 먹으려고 해요
4) 복잡해도 자갈치 시장을 구경하려고 해요
5) 힘들어도 유명한 곳을 많이 구경하려고 해요

과제 1

생략

과제 2

1) ❸
2) ❶ O ❷ X ❸ X
3) 처음으로 자전거를 타고 한 여행이었고 여러 곳을 많이 구경할 수 있었기 때문입니다.

과제 3

1. 1) ❹
   2) ❶ O ❷ O
2. 1) ❸
   2) ❶ O ❷ X ❸ X
3. 1) ❸
   2) 값이 좀 비싸도 직접 요리를 할 수 있어서 좋았습니다.

4. 생략

〈문법 활용연습〉

제1과

문법 1

Ⅰ. 1. 결혼한 지 3년 됐습니다
2. 이 옷을 산 지 한 달 됐습니다
3. 요가를 배운 지 5개월 됐습니다
4. 그 사람과 사귄 지 네 달 됐습니다
5. 일본어를 공부한 지 2년 됐습니다

Ⅱ. 1. 대학교를 졸업한 지 6년 됐어요
2. 한국 회사에서 일한 지 5년 됐어요
3. 결혼한 지 4년 됐어요
4. 아빠가 된 지 2년 됐어요
5. 과장으로 승진한 지 1년 됐어요

문법 2

Ⅰ.

김치가 맵습니다	친하지 않습니다
가방이 예쁩니다	맛있습니다
그 가수가 춤을 잘 춥니다	만들지 못합니다
한식을 좋아합니다	재미있습니다
한국 생활이 힘듭니다	노래를 잘 못 불러요
그 사람을 압니다	너무 비싸요

1. 가방이 예쁘기는 하지만 너무 비싸요
2. 그 가수가 춤을 잘 추기는 하지만 노래를 잘 못 불러요
3. 한식을 좋아하기는 하지만 만들지 못합니다
4. 한국 생활이 힘들기는 하지만 재미있습니다
5. 그 사람을 알기는 하지만 친하지 않습니다

Ⅱ. 1. 수영을 할 수 있기는 하지만 잘하지 못해요
2. 비싸기는 하지만 맛있어요
3. 날마다 듣기는 하지만 이해하지 못해요
4. 어렵기는 하지만 재미있어요
5. 재미있기는 하지만 외로울 때가 있어요

제2과

문법 1

Ⅰ. 1. 많아졌어요 2. 없어졌어요
3. 예뻐졌어요 4. 더러워졌어요
5. 비싸졌어요

Ⅱ. 1. 나빠졌어요 2. 쉬워질 거예요
3. 조용해져요 4. 무거워졌어요
5. 달라졌어요

문법 2

Ⅰ. 1. 아프겠군요 2. 기분이 좋겠군요
3. 무섭겠군요 4. 비가 오겠군요
5. 10시에 도착하겠군요

Ⅱ. 1. 한국말을 잘 하겠군요 2. 배가 고프겠군요
3. 힘들겠군요 4. 재미있었겠군요
5. 건강이 좋아졌겠군요

제3과

문법 1

Ⅰ. 1. 시험지에다가 이름을 쓰세요
2. 옷걸이에다가 옷을 거세요
3. 꽃병에다가 꽃을 꽂아요
4. 벽에다가 포스터를 붙여요
5. 쓰레기통에다가 휴지를 버리세요

Ⅱ. 1. 오른쪽 아래에다가 쓰세요
2. 옷장에다가 넣으세요
3. 여기에다가 놓으세요
4. 국에다가 소금을 넣으세요
5. 수첩에다가 적으세요

문법 2

Ⅰ. 1. 사전을 써도 돼요
2. 약속 시간을 바꿔도 돼요

3. 이 옷을 입어 봐도 돼요
4. 집에서 생일 파티를 해도 돼요
5. 먼저 가도 돼요

Ⅱ. 1. 열어도 돼요
2. 먹어도 돼요
3. 이 신발을 신어 봐도 돼요
4. 여기에 앉아도 돼요
5. 먼저 퇴근해도 돼요

제4과

문법 1

Ⅰ. 1. 휴대전화를 꺼야 합니다
2. 두 시간 전에 도착해야 합니다
3. 영수증이 있어야 합니다
4. 벨을 눌러야 합니다
5. 잘 들어야 합니다

Ⅱ. 1. 노래를 잘해야 합니다
2. 운동을 해야 합니다
3. 7시까지 와야 합니다
4. 한 시간쯤 기다려야 합니다
5. 이번 주까지 내야 합니다

문법 2

Ⅰ. 1. 좋은 회사에 취직하려면 영어 공부를 열심히 하세요
2. 비행기 표를 싸게 사려면 인터넷으로 사세요
3. 살을 빼려면 운동을 하세요
4. 잠을 잘 자려면 자기 전에 우유를 한 잔 드세요
5. 시험에 떨어지지 않으려면 열심히 공부하세요

Ⅱ. 1. 성적이 좋아야 해요
/ 모두 부모님께 드릴 거예요
2. 일을 열심히 해야 해요
/ 다른 사람을 많이 도와줄 거예요
3. 비자를 받아야 해요
/ 외국 친구들을 많이 만날 수 있어요
4. 열심히 일해야 해요 / 한턱낼 거예요
5. 요리 학원에 다녀야 해요
/ 친구들에게 한식을 만들어 줄 거예요

제5과

문법 1

Ⅰ. 1. 여기가 유명한 식당인가요
2. 명동에 사람이 많은가요
3. 학교에 무엇으로 오나요
4. 주말에 누구를 만났나요
5. 방학 동안 무엇을 할 건가요

Ⅱ. 1. 방에 침대가 있나요
2. 식사는 할 수 있나요
3. 마트는 가까운가요
4. 교통은 어떤가요
5. 집 근처는 조용한가요

문법 2

Ⅰ. 1. 친구를 데리고 오면 안 됩니다
2. 기숙사에서 술을 마시면 안 됩니다
3. 밤늦게 큰 소리로 떠들면 안 됩니다
4. 방 안에서 음식을 만들면 안 됩니다
5. 기숙사 안에서 담배를 피우면 안 됩니다

Ⅱ. 1. 영어로 말하면 안 돼요
2. 쓰레기를 버리면 안 돼요
3. 게임을 하면 안 돼요
4. 신발을 신고 방에 들어가면 안 돼요
5. 휴대전화를 사용하면 안 돼요

제6과

문법 1

Ⅰ.

날씨가 좋아요	좀 빌려 주세요
모두들 기다려요	빨리 오세요
뉴스는 재미없어요	에어컨을 켭시다
교실이 좀 덥습니다	드셔 보세요
제가 만든 케이크예요	공원에 산책하러 갑시다
사전을 안 가지고 왔어요	음악 프로그램을 봅시다

1. 모두들 기다리는데 빨리 오세요
2. 뉴스는 재미없는데 음악 프로그램을 봅시다
3. 교실이 좀 더운데 에어컨을 켭시다
4. 제가 만든 케이크인데 드셔 보세요
5. 사전을 안 가지고 왔는데 좀 빌려 주세요

Ⅱ. 1. 마크 씨는 불고기를 좋아하는데 불고기를 먹으러 갑시다
2. 다리가 아픈데 택시를 타고 갑시다
3. 인터넷에서 싸게 파는데 인터넷에서 찾아 보세요
4. 제주도가 아름다운데 제주도로 가세요
5. 웨이 씨가 안 왔는데 조금만 더 기다려요

문법 2

Ⅰ. 1. 아무 때나 2. 아무거나
3. 아무 옷이나 4. 아무 데나
5. 아무에게나

Ⅱ. 1. 아무 영화나 2. 아무거나
3. 아무 색이나 4. 아무 데나 좋아요
5. 아무 때나 전화하세요

제7과

문법 1

Ⅰ. 1. 한 달에 책을 두 권쯤 읽는다
2. 그 식당에는 항상 사람이 많다
3. 어제 무엇을 했니
4. 수업이 끝나면 빨리 집에 와라
5. 오늘은 바쁘니까 내일 만나자

Ⅱ. 1. 잘 어울린다
2. 누구하고 가니
3. 책상 위에다가 놓아라
4. 학교 앞 식당에서 하자
5. 피곤하겠다

문법 2

Ⅰ. 1. 숙제를 하다가 커피를 마셨어요
2. 설거지를 하다가 전화를 받았어요
3. 학교에 가다가 집으로 돌아갔어요
4. 뛰어가다가 넘어졌어요
5. 책을 읽다가 잤어요

Ⅱ. 1. 다니다가 그만두었어요
2. 올라가다가 중간에 내려왔어요
3. 축구를 하다가 다쳤어요
4. 똑바로 가다가 오른쪽으로 가세요
5. 영화를 보다가 전화가 와서 나갔어요

제8과

문법 1

Ⅰ.

고향에 갔어요	합시다
잠깐 문을 열었어요	지웠어요
텔레비전을 켰어요	왔어요
이름을 썼어요	넣었어요
지갑에서 돈을 꺼냈어요	껐어요
잠깐 쉬었어요	닫으세요

1. 잠깐 문을 열었다가 닫으세요
2. 텔레비전을 켰다가 껐어요
3. 이름을 썼다가 지웠어요
4. 지갑에서 돈을 꺼냈다가 넣었어요
5. 잠깐 쉬었다가 합시다

Ⅱ. 1. X 2. O 3. O
4. O 5. X

문법 2

Ⅰ. 1. 교실에 오니까
2. 김치찌개를 먹어 보니까
3. 텔레비전을 켜니까
4. 옷을 입어 보니까 너무 컸어요
5. 냉장고를 여니까 아무것도 없었어요

Ⅱ. 1. 일어나니까
2. 초밥을 먹으니까
3. 운전해 보니까 생각보다 어렵지 않아요
4. 한국어를 배워 보니까 재미있어요
5. 기숙사에서 살아보니까 생각보다 힘들어요

제9과

문법 1

Ⅰ. 1. 힘들어 보여요　2. 즐거워 보여요
3. 행복해 보여요　4. 외로워 보여요
5. 슬퍼 보여요

Ⅱ. 1. 어려 보여요　2. 맛있어 보여요
3. 바빠 보여요　4. 작아 보여요
5. 재미없어 보였어요

문법 2

Ⅰ. 1. ❸　2. ❹　3. ❶
4. ❹　5. ❸

Ⅱ. 1. 목이 부었을　2. 아버지께서 지어 주셨어요
3. 나았어요　4. 그어　5. 저으면

제10과

문법 1

Ⅰ.

자동차를 빌리다	새 휴대전화를 샀어요
케이크를 사다	소풍을 갈 거예요
한국말을 배우다	부산으로 여행을 갔어요
김밥을 만들다	한국 회사에서 일하고 싶어요
돈을 모으다	부모님께 보여 드렸어요
사진을 찍다	친구 집에 갔어요

1. 케이크를 사 가지고 친구 집에 갔어요
2. 한국말을 배워 가지고 한국 회사에서 일하고 싶어요
3. 김밥을 만들어 가지고 소풍을 갈 거예요
4. 돈을 모아 가지고 새 휴대전화를 샀어요
5. 사진을 찍어 가지고 부모님께 보여 드렸어요

Ⅱ. 1. 샌드위치를 만들어 가지고 갑시다
2. 케이크를 사 가지고 갔어요
3. 돈을 모아 가지고 컴퓨터를 사려고 해요
4. 내일까지 숙제를 해 가지고 오세요
5. 음식이 남으면 싸 가지고 와요

문법 2

Ⅰ. 1. 음식이 친구들 입에 맞을지 모르겠어요
2. 날씨가 좋을지 모르겠어요
3. 책을 이해할 수 있을지 모르겠어요
4. 잘 할 수 있을지 모르겠어요
5. 시험을 잘 볼지 모르겠어요

Ⅱ. 1. 휴가철이어서 표가 있을지 모르겠어요
2. 다들 바빠서 많이 올지 모르겠어요
3. 글쎄요, 일이 많아서 오늘 다 끝낼 수 있을지 모르겠어요
4. 글쎄요, 주말이어서 집에 있을지 모르겠어요
5. 글쎄요, 시간이 없어서 계속 공부를 할 수 있을지 모르겠어요

제11과

문법 1

Ⅰ. 1. 오후에 산책을 할까 해요
2. 여행을 갈까 해요
3. 대학원에 갈까 해요
4. 아르바이트를 할까 해요
5. 10시쯤 출발할까 해요

Ⅱ. 1. 친구를 만날까 해요
2. 경복궁에 갈까 해요
3. 닭갈비를 먹을까 해요
4. 다른 하숙집으로 이사할까 해요
5. 내년에 결혼할까 해요

문법 2

Ⅰ.

영어로 말하지 마세요	물을 자주 드세요
주말에 만나지 맙시다	걸어서 갑시다
커피를 많이 마시지 마세요	같이 합시다
택시를 타지 맙시다	일찍 일어나세요
혼자 일하지 마세요	목요일에 만납시다
늦게 일어나지 마세요	한국말로 하세요

1. 주말에 만나지 말고 목요일에 만납시다
2. 커피를 많이 마시지 말고 물을 자주 드세요
3. 택시를 타지 말고 걸어서 갑시다
4. 혼자 일하지 말고 같이 합시다
5. 늦게 일어나지 말고 일찍 일어나세요

Ⅱ. 1. 백화점에만 가지 말고
2. 집에만 있지 말고
3. 일본 친구들만 만나지 말고
4. 컴퓨터 게임을 하지 말고 영화를 보러 갑시다
5. 그냥 가지 말고 조금 더 기다려 봅시다

제12과

문법 1

Ⅰ. 1. 기차를 타고 가기로 했어요
2. 경치도 좋고 밥도 해 먹을 수 있는 펜션에서 자기로 했어요
3. 구경할 것이 많으니까 오전 7시에 출발하기로 했어요
4. 기차를 타고 가니까 서울역 앞에서 만나기로 했어요
5. 경주에 맛있는 음식이 많으니까 점심을 사 먹기로 했어요

Ⅱ. 1. 방학 때 아르바이트를 하기로 했어요
2. 내일부터 아침에 일찍 일어나기로 했어요
3. 컴퓨터 게임을 하지 않기로 했어요
4. 한국 친구를 사귀기로 했어요
5. 담배를 끊기로 했어요

문법 2

Ⅰ. 1. 왜 못 오는데요　2. 몇 시에 만나는데요
3. 어디가 유명한데요　4. 얼마나 비싼데요
5. 누구와 갈 건데요

Ⅱ. 1. 어디를 구경했는데요　2. 뭘 했는데요
3. 무슨 음식을 먹었는데요　4. 뭔데요
5. 언제 가셨는데요

제13과

문법 1

Ⅰ. 1. 하숙집에 살지 기숙사에 갈지 생각 중에요
2. 바다로 갈지 산으로 갈지 잘 모르겠어요
3. 취직을 할지 대학원에 갈지 아직 정하지 못했어요
4. 명동에서 만날지 서울역에서 만날지 정합시다
5. 회사를 그만둘지 계속 다닐지 고민이에요

Ⅱ. 1. 미국으로 갈지 호주로 갈지 아직 정하지 못했어요
2. 옷을 사 드릴지 여행을 보내 드릴지 생각 중이에요
3. 코미디 영화를 볼지 공포 영화를 볼지 잘 모르겠어요
4. 원피스를 입고 갈지 바지를 입고 갈지 생각 중이에요
5. 제주도로 갈지 하와이로 갈지 아직 결정하지 못했어요

문법 2

Ⅰ. 1. 누구든지　2. 언제든지　3. 뭐든지
4. 얼마든지　5. 어디든지

Ⅱ. 1. 뭐든지 다 좋아요
2. 누구든지 들어갈 수 있어요
3. 어느 회사든지 다 좋아요
4. 언제든지 전화해도 괜찮아요
5. 얼마든지 더 드세요

제14과

문법 1

Ⅰ. 1. 명동　2. 어머니　3. 작년
4. 복습　5. 돈

Ⅱ. 1. 김치만큼 유명한 음식은 없어요
2. 제주도만큼 경치가 아름다운 곳은 없어요
3. 샤오밍만큼 노래를 잘하는 친구는 없어요
4. 말하기만큼 어려운 것은 없어요

5. 건강만큼 중요한 것은 없어요

문법 2

I. 1. 이 음식은 어떻게 먹는지
2. 언제 시험을 보는지
3. 어디가 물건 값이 싼지
4. 마리아 씨 전화번호가 몇 번인지 아세요
5. 왜 제임스 씨가 학교에 안 왔는지 아세요

II. 1. 비자를 연장하려면 무엇이 필요한지 아세요
2. 요즘 무슨 영화가 재미있는지 아세요
3. 몇 시에 은행 문을 여는지 아세요
4. 지하철 요금이 얼마인지 몰라요
5. 어제 마크 씨가 누구를 만났는지 알아요
왕밍 씨를 만났어요

제15과

문법 1

I. 1. 예뻐서 2. 친구가 재미있어서
3. 한국 영화를 많이 봐서
4. 피곤해서 5. 친구와 싸워서

II. 1. 네, 운동을 해서 그런지 건강해졌어요
2. 쇼핑하는 사람들이 많아서 그런지 명동은 항상 복잡해요
3. 경치가 좋아서 그런지 제주도에는 관광객이 많아요
4. 간식을 많이 먹어서 그런지 배가 안 고파요
5. 바빠서 그런지 반 모임에 나오지 않아요

문법 2

I.

피곤하다	운동을 할 거예요
약을 먹다	열심히 공부해요
날씨가 춥다	취하지 않아요
택시를 타다	나아지지 않아요
술을 많이 마시다	항상 손님이 많아요
서비스가 좋지 않다	늦을 것 같아요

1. 약을 먹어도 나아지지 않아요
2. 날씨가 추워도 운동을 할 거예요
3. 택시를 타도 늦을 것 같아요
4. 술을 많이 마셔도 취하지 않아요
5. 서비스가 좋지 않아도 항상 손님이 많아요

II. 1. 아파도 학교에 가야 해요
2. 설명서를 봐도 모르겠어요
3. 열심히 공부해도 실력이 나아지지 않아요
4. 비가 와도 소풍을 갈 거예요
5. 부모님께서 반대하셔도 결혼할 거예요

부록

1. 번역
2. 문법 활용연습
3. 듣기 지문
4. 모범 답안
▸ 5. 색인

5. 색인

〈어휘 색인〉

ㄱ

ㄴ

ㄷ

ㄹ

ㅁ

ㅂ

ㅈ

〈문법 색인〉